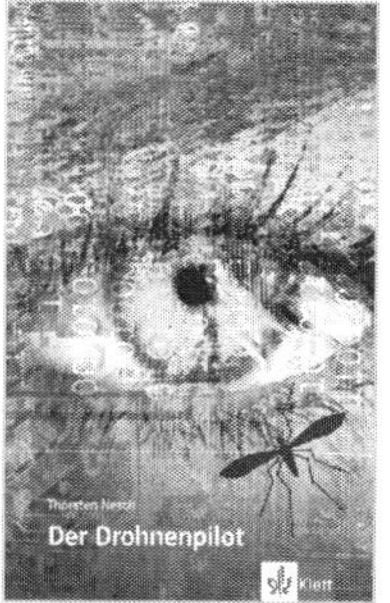


Die Zeilen- und Seitenangaben beziehen sich auf diese Taschenbuchausgabe.
Thorsten Nesch:
*Der Drohnenpilot*,
ISBN 978-3-12-666921-4.

Die Bestellnummer des Krapp & Gutknecht Verlages lautet: tbDrohnenpilot

## Einsatz des Romans im Unterricht

„Als sie ihren Kopf zu mir drehte, küssten wir uns, und ich zeigte Herrn Spiess oder wer auch immer am Joystick war, den Mittelfinger." (S. 227, Z. 6–8)

Mit dieser abfälligen und zugleich symbolträchtigen Geste wendet sich der 18-jährige Protagonist Darius unmittelbar nach dem gewaltsamen Übergriff am Schwanenteich an seinen bisherigen Arbeitgeber. Diese Worte besiegeln das Ende von Darius' kurzem Einblick in das trügerische Treiben des dubiosen Privatunternehmens D-Air, das Aufträge erledigt und dazu Drohnen zu nationalen und internationalen Aufklärungsflügen und Kampfeinsätzen nutzt. Der deutsche Schriftsteller Thorsten Nesch erzählt in seinem dystopischen Roman *Der Drohnenpilot* die spannende Geschichte eines jungen Erwachsenen, der sich von einem lukrativen Jobangebot als Drohnenpilot dazu verleiten lässt, in einer Anfangseuphorie seine bisherigen Überzeugungen ein Stück weit abzulegen, schlussendlich jedoch die moralisch verwerflichen Machenschaften des Unternehmens durchschaut und sich eines Besseren besinnt. Neschs Future-Fiction-Roman zeichnet ein unheilvolles Bild der menschlichen Zukunft – oder sollte man hier passender bereits von Gegenwart sprechen? – und konfrontiert den heranwachsenden Leser mit durchaus gesellschaftskritischen Sichtweisen zu Themen wie »Sicherheit«, »Überwachung« und »Verantwortung«.

Ebenso befinden sich die existentiellen Themen »Identität« und »Entwicklung« stets im Fadenkreuz der Romanhandlung. Der Ich-Erzähler gibt dem Leser Einblicke in die Lebenswelt eines Jugendlichen bzw. jungen Erwachsenen, der sich mit den alterstypischen Themen konfrontiert sieht: Familie, Partnerschaft, Berufswahl und erste Erfahrungen in der Arbeitswelt. Darius muss sich diesbezüglich mit diversen Schwierigkeiten auseinandersetzen, wobei er des Öfteren mit den Menschen, die ihm viel bedeuten, wie sein Vater und seine Freundin Evelyn, aneckt. Er zeigt sich selbst verunsichert, trifft Entscheidungen alleine, muss Verantwortung für sein eigenes Handeln übernehmen und stößt dabei immer wieder an seine Grenzen. Verschiedenartige Einflüsse neuer und schon bekannter Personen wirken sich im Laufe der Romanhandlung auf sein Handeln sowie seine Einstellungen aus und alles mündet in Darius' Erkenntnis dessen, wofür er wirklich einstehen möchte und zugleich wofür nicht.

*Der Drohnenpilot* eignet sich in vielerlei Hinsicht als Ganzschrift für den Deutschunterricht in den Jahrgangsstufen 8 bis 10. Darius bietet vor allem Jungen eine Identifikationsfigur. Sein Verhalten seinem alleinerziehenden Vater gegenüber oder innerhalb der Partnerschaft liefert Anknüpfungspunkte für Jugendliche, genauso seine Unsicherheit bezüglich der Arbeitswelt und sein exzessives Computerspielen als Eskapismus. In der Figur Evelyn dürften sich vor allem Mädchen wiederfinden können. Die Sorge um den eigenen Partner und die Beziehung, aber auch Aspekte wie für sich und seine Überzeugungen einstehen sowie das Hinterfragen von Gegebenheiten bieten hier Raum zur Identifikation. Die Beziehung der beiden beinhaltet viele relevante Themen wie beispielsweise unterschiedliche Vorstellungen über eine gemeinsame Zukunft oder Veränderungen des jeweils anderen. Des Weiteren knüpft der Autor mit der brandaktuellen gesellschaftlichen Fragestellung zur Nutzung der Drohnentechnologie im Allgemeinen und zum Einsatz bewaffneter Drohnen, sogenannter Kampfdrohnen, im Speziellen an die Lebenswirklichkeit junger Menschen an und weckt so deren Interesse. Unterstützend wirkt hier auch die sprachliche Gestaltung des Romans, die im Ganzen einfach gehalten ist, obgleich Nesch an vielen Stellen eine bildhafte Sprache nutzt, insbesondere um damit Darius' Gefühle zu veranschaulichen. Das literarische Werk bietet somit mannigfaltige und alltagsnahe Gesprächsanlässe im Rahmen des Lektüreunterrichts. Beispielsweise werden sich die Lernenden zwangsläufig die Frage stellen, wie sie selbst in Darius' oder Evelyns Situation gehandelt hätten. In diesem Zusammenhang wird von den Schülern eine Reflexion ihrer eigenen Moralvorstellungen und ihres Wertesystems gefordert.

Wir wünschen allen Lehrkräften mit ihren Lerngruppen viele tolle ‚Flugstunden' mit dem Drohnenpiloten und würden uns freuen, wenn unser Unterrichtsmaterial zu einem fruchtbaren Austausch führt und zu einem nachhaltigen Leseerlebnis beiträgt.

*Thorsten Utter und Michelle Wietor*

## Aufbau und Verwendung des Schülerarbeitsheftes

Das Schülerarbeitsheft dient der inhaltlichen und thematischen Erarbeitung der Lektüre *Der Drohnenpilot* im Deutschunterricht. Die Schwerpunktsetzungen des Schülermaterials ergeben sich unmittelbar aus dem Inhaltsverzeichnis des Schülerarbeitsheftes. Die einzelnen Teile und Aufgaben des Arbeitsheftes stellen ein differenziertes Angebot dar, aus dem die Lehrperson schöpfen und auswählen kann, was für die Interessen und Bedürfnisse ihrer Lerngruppe von Bedeutung ist. Grundsätzlich ist das Heft so angelegt, dass es begleitend zur Lektüre des Romans genutzt werden kann, und insbesondere das Kapitel zur Inhaltssicherung kann von den Schülern auch selbstständig bearbeitet werden. Alternativ kann die Lehrkraft, nachdem der Roman von den Schülern vollständig gelesen wurde, eigene Schwerpunkte setzen, indem verschiedene Aspekte aus dem Heft herausgegriffen und behandelt werden.

Das Schülerarbeitsheft zur Lektüre orientiert sich an den Anforderungen und Kompetenzen für den Unterricht im Fach Deutsch, die durch die Kultusministerkonferenz (KMK) in den bundesweit geltenden *Bildungsstandards im Fach Deutsch* festgelegt sind. Durch die Ausrichtung auf die Bildungsstandards der KMK ist gleichzeitig die Verbindung zu den Lehr- und Stoffverteilungsplänen der einzelnen Bundesländer und Schulen gewährleistet, sodass dieses Schülerarbeitsheft unabhängig von der jeweiligen Schulform in den Klassen 8 bis 10 der Sekundarstufe I weiterführender Schulen unterrichtsbegleitend eingesetzt werden kann.

In dem reichhaltigen Aufgabenangebot werden die allgemeinen *Kompetenzbereiche* des Faches Deutsch – »Sprechen und Zuhören«, »Schreiben«, »Lesen« sowie »Sprache und Sprachgebrauch untersuchen« – berücksichtigt. Mit dem Material werden Schlüsselqualifikationen wie Eigenverantwortung (Selbstständigkeit), Sozialkompetenz sowie Kritik- und Entscheidungsfähigkeit u.a. geschult. Die Aufgabenstellungen umfassen einerseits Methoden und Arbeitstechniken, die zur Analyse und Interpretation eines literarischen Werkes hinführen, andererseits wird durch die produktiv-gestaltenden Schreibanlässe ein Beitrag zur Handlungs- und Produktionsorientierung im Literaturunterricht geleistet. Zudem sind Aufgabenformate enthalten, wie sie in Prüfungssituationen (Klassenarbeiten, Tests, Abschlussprüfungen) im Fach Deutsch üblich sind. Darüber hinaus gibt es zahlreiche Wissensboxen mit Lern- und Merkhilfen zu den enthaltenen Textsorten, Aufsatzformen und erzähltheoretischen Fachbegriffen.

Zu geeigneten Stellen des Romans werden gezielt **Schreibaufgaben** eingesetzt. Diese sind im Schülerarbeitsheft durch das Füllersymbol als solche kenntlich gemacht. Hierbei wird in einfache Schreibaufgaben, die in die Inhaltserschließung (siehe SH, S. 6–36) integriert sind, und übergreifende Schreibaufgaben (siehe SH, S. 43 f. und 48), für die eine vollständige Textkenntnis erforderlich ist, unterschieden.

Eine wichtige Daueraufgabe stellt das **Leseprotokoll** (siehe SH, S. 8) dar, das die Schüler von Beginn der Lektürearbeit an zu den einzelnen Kapiteln des Romans anfertigen sollen. Die Schüler erstellen damit sukzessive eine Handlungsstruktur zum Roman. Des Weiteren kann das Leseprotokoll zu Beginn einer Unterrichtsstunde zur Anschlusskommunikation mit einem Partner, in der Gruppe oder im Plenum genutzt werden.

An vielen Stellen des Schülerarbeitsheftes werden Aufgaben als **Wahlaufgabe** ausgewiesen. Diese Zusatzaufgaben können zur Übung (Festigung), Vertiefung und Differenzierung genutzt werden. Damit wird der Forderung und Erfordernis einer *Binnendifferenzierung* in einem zeitgemäßen Deutschunterricht Rechnung getragen. Zum Teil sind diese Wahlaufgaben in einen kostenfreien **Downloadbereich für Schüler** ausgelagert, auf den die Schüler über das Internet ohne weitere Registrierung oder Angabe personenbezogener Daten zugreifen können. Die Zugangsdaten (QR-Code und Link) für diesen Downloadbereich befinden sich auf Seite 3 des Schülerarbeitsheftes. Außer verschiedenen Arbeitsblättern finden die Schüler dort auch Merkblätter zu bestimmten Themen des Schülermaterials.

Obwohl der Roman einige Fremdwörter und fachsprachliche Bezeichnungen enthält, lässt er sich von jugendlichen Lesern im Großen und Ganzen leicht lesen und verstehen. Um den Schülern die Lektüre zu erleichtern, ist am Ende des Schülerarbeitsheftes ein **Glossar** (siehe SH, S. 68 f.) angelegt, das unter anderem bereits eine Vielzahl an eventuell unbekannten Fremdwörtern und erklärungsbedürftigen Begriffen enthält.

Visuell begleitet wird der Erschließungsprozess durch verschiedenartige **Illustrationen**. Diese dienen der Veranschaulichung und dem besseren Verständnis der Handlung sowie der Figuren und ihrer Motive. Die Illustrationen können auch funktional im Unterricht eingesetzt werden, um entscheidende Textstellen, sogenannte Gelenkstellen, zu besprechen und so die Imagination zu fördern.

## Aufbau und Verwendung des Lehrerheftes

Das vorliegende Lehrerheft liefert **Anregungen und Impulse für die unterrichtliche Arbeit** mit der Lektüre (siehe LH, S. 5–11) und enthält einen **Analyseteil mit Informationen zum Jugendroman** *Der Drohnenpilot* (siehe LH, S. 12–25).

Im **Lösungsteil,** der zur besseren Orientierung in der Kopfzeile mit dem Lösungssymbol **L** gekennzeichnet ist, werden der Lehrkraft meist ausführliche Lösungsvorschläge und Hinweise zu den Aufgaben des Schülerarbeitsheftes an die Hand gegeben (siehe LH, S. 29–59).

Der **Materialteil** bietet einige thematisch unabhängige Arbeitsmaterialien, die zur individuellen Schwerpunktsetzung und zur abwechslungsreichen Gestaltung des Unterrichts genutzt werden können (siehe LH, S. 63–76). Hierzu gehören: ein Coververgleich der Mixtvision-Ausgabe und der Klett-Ausgabe, ein Kreuzworträtsel mit Inhaltsfragen zur Lektüre, ein Arbeitsblatt zur Analyse eines Gesprächs, ein Sachtext zum Thema »Identität«, eine längere Rezension zum Roman, die mit der Methode »Teamlesen« erschlossen werden soll, und ein Arbeitsblatt zur Kürzestgeschichte *Tropfen* (1996) von Etgar Keret.

Der dem Lehrerheft beigefügte **Vorschlag zur schriftlichen Leistungsüberprüfung** zum Aufgabenformat »Interpretierendes Schreiben« nebst dem dazugehörigen Erwartungshorizont runden das Lehrermaterial ab (siehe LH, S. 77–80). Die Arbeit ist im Stil einer Abschlussprüfung für den Hauptschulabschluss konzipiert und kann als ‚Generalprobe' zur Prüfungsvorbereitung genutzt werden. In diesem Fall muss den Schülern eine angemessene Bearbeitungszeit zur Verfügung gestellt werden. Wenn der Vorschlag als ‚Großer Leistungsnachweis' (GLN) für eine reguläre Klassenarbeit im Fach Deutsch verwendet wird, muss die Aufgabenmenge entsprechend reduziert werden und die Bearbeitungszeit sollte 90 Minuten betragen. Zum Beispiel können für eine Klassenarbeit lediglich der zugrundegelegte Textauszug sowie die Aufgaben 1 und 6 ausgewählt werden.

Als kostenlosen Service des Verlages gibt es zu diesem Lehrerheft einen geschützten **Downloadbereich für Lehrkräfte**, in dem Ihnen Teile des Lehrerheftes sowie einige zusätzliche Dokumente als PDF zur Verfügung gestellt werden. Diese können heruntergeladen, ausgedruckt, kopiert oder zum direkten Projizieren genutzt werden. Detaillierte Informationen zum Downloadbereich für Lehrkräfte finden Sie auf Seite 28 in diesem Heft.

**Materialpaket** als CD oder PDF-Download erhältlich unter **www.krapp-gutknecht.de**

Als zusätzliches Begleitmaterial zu diesem Lehrerheft kann ein kostenpflichtiges **Materialpaket** auf CD oder als PDF-Download käuflich erworben werden. Das Materialpaket bietet einen umfangreichen Fundus an Zusatzmaterialien zur Unterrichtsgestaltung, die ebenso zur Differenzierung eingesetzt werden können. Neben abwechslungsreichen Arbeitsblättern für den Lektüreunterricht enthält die Materialsammlung eine »Methodenbar« mit methodischen Anregungen. Darüber hinaus beinhaltet das Materialpaket einen alternativen Klassenarbeitsvorschlag zum Aufgabenformat »Gestaltendes Schreiben« sowie eine Liste mit Themenvorschlägen für Referate, Klassenarbeiten und sonstige Leistungsnachweise. Die Themenliste enthält Aufgaben mit unterschiedlichem Schwierigkeitsgrad, d. h. zu allen drei Anforderungsbereichen (Reproduktion, Reorganisation und Transfer, Reflexion und Problemlösung).

## Lektüreunterricht in der Schule

Neben der Frage, welche Lektüre man als Lehrer für seine Lerngruppe auswählt, steht vor jeder Beschäftigung mit einem literarischen Werk die Frage: Wie lässt sich Schülern der Text vermitteln, sodass die Lektüre sie anspricht und einen Mehrwert für sie hat? Insbesondere in einer Schullandschaft mit heterogenen Lerngruppen stellt dies eine mitunter große Herausforderung für Deutschlehrer dar.

Kaspar H. Spinner (2001) formulierte im Rahmen seines literaturdidaktischen Diskurses sechs *Zielsetzungen des Literaturunterrichts*, die für eine gewinnbringende Vermittlung eines literarischen Werkes unabdingbar sind, wenn man die Beschäftigung mit Literatur als einen mehrschichtigen Lernprozess begreift:

- **Förderung der Freude am Lesen**
- **Texterschließungskompetenz**
- **Literarische Bildung**
- **Förderung von Imagination und Kreativität**
- **Identifikationsfindung und Fremdverstehen**
- **Auseinandersetzung mit anthropologischen Grundfragen**

Zur Umsetzung dieser Zielvorstellungen werden im Schülerarbeitsheft zu Thorsten Neschs Roman *Der Drohnenpilot* analytische und gestaltende Aufgaben, im Sinne eines literarischen Schreibens, sowie spielerische Übungen kombiniert. Die Zusammensetzung der Aufgaben ist einerseits ausgerichtet auf einen nuancierten Umgang mit dem literarischen Text, andererseits hat sie – durch die handlungs- und produktionsorientierten Verfahren – die Lesefreude, die Stärkung der Empathiefähigkeit sowie die damit einhergehende Lesemotivation im Blick.

Das Unterrichtsmaterial ist kompetenzorientiert ausgerichtet und bietet an mehreren Stellen Möglichkeiten für eine binnendifferenzierte Unterrichtsgestaltung an. Das Schaubild zeigt die Teilkompetenzen, die im Zuge der Behandlung der Ganzschrift *Der Drohnenpilot* im Deutschunterricht geschult werden sollen.

Quelle: Darstellung in Anlehnung an http://www.bildungsplaene-bw.de/,Lde/LS/BP2016BW/ALLG/SEK1/D/LG [eingesehen am 06.07.2020]

Das vorstehende *Kompetenzstrukturmodell* rekurriert auf die derzeit gültigen Bildungsstandards (BiStas) für die Kompetenzbereiche im Fach Deutsch, die von der Kultusministerkonferenz der Länder (KMK) festgeschrieben wurden, sowie die Bildungspläne der Länder. In dem Schaubild wird in inhalts- und prozessbezogene Kompetenzen unterschieden und ihre wechselseitige Durchdringung im Literaturunterricht deutlich gemacht. Das Strukturmodell zeigt, dass mit dem Thema respektive dem Unterrichtsvorhaben ‚Erarbeitung einer Ganzschrift', hier eines Jugendromans, stets ein vielfältiger Kompetenzerwerb verknüpft ist.

Eine hilfreiche Zusammenstellung von Gesichtspunkten für eine gelingende *Differenzierung*, die im Hinblick auf die Bearbeitung einer Ganzschrift berücksichtigt werden können, lieferte Hans Meister bereits 1998.

Möglichkeiten der *Differenzierung* zeigen sich in unterschiedlichen Bereichen:

- Arbeitsweisen und Unterrichtsformen, Rhythmisierung des Unterrichts, Lehrer- und Schüleraktivitäten, Sozialformen, Medien
- Inhalten, Themen, Stoffen, Interessen, dem Niveau der Fachleistung
- Wahlmöglichkeiten, Hausaufgaben
- Kontrollmöglichkeiten, Bezugssystemen der Bewertung, Einbeziehen des Entwicklungsstandes einzelner Schüler, Unterstützungen und Hilfen
- Lernorten, Klassenraumgestaltung
- Zielen

Einer funktionierenden *Binnendifferenzierung* werden von Meister (1998) die folgenden grundlegenden Erfordernisse zugesprochen:

- Bereitschaft der Lehrenden, sich in Lernprozesse einzulassen und ihr Rollenverständnis zu überdenken
- kreativer Umgang mit Methoden und deren theoriegeleiteter Fundierung
- Vertrauen in die Verantwortlichkeit der Lernenden
- schrittweise Veränderung der Notengebung
- Erwerb von Methodenkompetenz der Lernenden

## Schreibanlässe und Aufgabenformate des Schülerarbeits- und Lehrerheftes

Das Unterrichtsmaterial zu Thorsten Neschs Jugendroman *Der Drohnenpilot* beinhaltet unterschiedliche Schreibanlässe und Aufgabenformate. Die integrierten Schreibaufgaben dienen zum einen als Mittel der Schreibförderung, wodurch die Schüler schreibend lernen und Schreiben lernen. Zum anderen sind Schreibaufgaben gewissermaßen Erschließungswerkzeuge, die einen produktiven Zugang zum Text ermöglichen und letztendlich zur Verbesserung des Textverständnisses (z.B. Verhaltensweisen und Handlungsmotive von Figuren nachvollziehen) beitragen sollen. In diesem Unterrichtsmaterial sind im Wesentlichen folgende Aufgabenformate und die ihnen zugeordneten Textsorten enthalten:

- **Zusammenfassendes Schreiben**
  → verkürzte Textwiedergabe/Inhaltsangabe zu einzelnen Erzählabschnitten und ganzen Kapiteln
- **Gestaltendes Schreiben**
  → Tagebucheintrag, innerer Monolog (weiterhin denkbar sind z.B. Brief und Gespräch)
- **Interpretierendes Schreiben**
  → Erklärung von Textstellen, Beschreibung von Entwicklungen, Figurencharakterisierung
- **Argumentierendes Schreiben**
  → Stellungnahme, Kommentar, Buchbesprechung/Rezension

## Unterrichtsorganisation

Der einzuplanende zeitliche Umfang für die Behandlung des Jugendromans *Der Drohnenpilot* ist im Wesentlichen von den curricularen Vorgaben und der individuellen Ausgestaltung der Unterrichtsreihe abhängig. In diesem Unterrichtsmaterial wird für das gesamte Unterrichtsvorhaben eine Reihe über 20 bis 24 Stunden vorgeschlagen.

Die Textbegegnung kann je nach Lerngruppe unterschiedlich gestaltet werden. Für die Erstlektüre des Romans mit ca. 220 Leseseiten bieten sich drei organisatorische Möglichkeiten des Textzugriffs an:

- **sukzessives gemeinsames Lesen im Klassenverband mit stillen und lauten Lesephasen**
- **sukzessives häusliches Lesen mit Lese- und Arbeitsaufträgen**
- **individuelles häusliches Lesen des gesamten Romans**

Ebenso bietet es sich an, das sukzessive Lesen in der Schule und zu Hause zu kombinieren, um so den Roman in leicht bekömmliche Leseportionen aufzuteilen. Leistungsstarke und leseerfahrene Schüler können den Roman durchaus als Hausaufgabe vor Beginn der unterrichtlichen Behandlung in seiner Gänze lesen, was bei weniger leseaffinen Schülern oft am Selbstkonzept als Nichtleser scheitert.

Die Erfahrung hat jedoch gezeigt, dass zu Beginn der Lektürearbeit das sukzessive gemeinsame Lesen in der Schule dem individuellen Lesen zu Hause vorgezogen werden sollte, und zwar nicht nur bei weniger leseerfahrenen oder lesemotivierten Lerngruppen. Das sukzessive Leseverfahren passt zudem gut zum Genre des Kriminalromans, in dem ein Verbrechen nach und nach aufgedeckt und somit der Fall mit fortschreitender Handlung gelöst wird. So kann die Spannung, und damit die Motivation weiterzulesen, hochgehalten werden. Ein weiterer Vorteil dieses Vorgehens ist, dass alle Schüler sich auf dem gleichen Kenntnisstand befinden, offene Fragen, wenn sie auftreten, sofort im Plenum geklärt werden können und über bestimmte Textstellen bereits während der Texterschließung gesprochen werden kann.

Es ist immer noch ein weit verbreiteter Irrglaube, das gemeinsame Lesen einer Lektüre im Unterricht sei nicht zeitökonomisch. Dabei ist das gemeinsame laute Lesen deutlich effektiver als das stille Lesen allein für sich und entlastet die Zeitplanung eher, da durch das leichtere Erfassen des Textes und die Möglichkeit, Verständnisschwierigkeiten unmittelbar zu beheben, letztendlich wieder Zeit eingespart werden kann. Allerdings kann die Fertigkeit des lauten Lesens nicht bei allen Schülern vorausgesetzt werden. Daher sollte man das Vorlesen durch die Lehrperson oder die Textpräsentation mithilfe eines professionell eingesprochenen Hörbuches, wobei die Schüler den Text still mitlesen können, als Optionen zur Unterstützung des Leseprozesses nutzen. Das laute Lesen regt das Vorstellungsvermögen an und begünstigt das Verstehen von Literatur. Auch in dem »Mehrebenenmodell« der Lesekompetenz von Rosebrock und Nix (2010, S. 14–24) wird auf die erfolgversprechende Kombination aus eigenem Lesen und Vorlesen hingewiesen.

Wenn das 2020 erschienene Hörbuch zu Thorsten Neschs Roman im Unterricht nicht zum Einsatz kommen soll, muss auf das laute Lesen durch die Lehrkraft gesetzt oder auf gute Vorleser der Lerngruppe zurückgegriffen werden[1]. Auf das oft noch praktizierte Reihumlesen, bei dem die Schüler nacheinander aufgefordert werden, den Text in der Klasse unvorbereitet laut vorzulesen, sollte hingegen verzichtet werden. Das Reihumlesen wird in der Regel gerade von den leseschwächeren Schülern lediglich als ein Vorführen empfunden, demotiviert diese Schüler und hat darüber hinaus nachweislich keinen positiven Einfluss auf die Lesekompetenz und die Lesefreude, sondern kann sie sogar negativ beeinflussen. Das Leseverständnis wird bei dieser Lesemethode zum Beispiel nicht gefördert, weil der Gesamtzusammenhang (globale Kohärenz) durch den ständigen Wechsel des Vorlesenden nur bedingt erschlossen werden kann und die Schüler sich meist nur auf ihren Einsatz und die von ihnen zu lesende Textstelle konzentrieren, um beim Vorlesen dann gut dazustehen. Genauso wenig wird die Leseflüssigkeit verbessert, weil sich durch die zu geringe Lesezeit und das einmalige Lesen kein Übungseffekt einstellt.[2] Ein sinnvolles alternatives Lautlese-Verfahren dazu stellt die Methode »Lesetheater« nach Nix (2006)[3] dar, die in der »Methodenbar« im Downloadbereich zu diesem Lehrerheft beschrieben wird.

---

1 Im Lehrerheft finden Sie Hinweise zur Arbeit mit Hörbüchern im Unterricht auf Seite 10.

2 vgl. Rosebrock und Nix (2010, S. 39)

3 Nix, D. (2006). Das Lesetheater. Integrative Leseförderung durch das szenische Vorlesen literarischer Texte. *PRAXIS DEUTSCH, 33* (199), 23–29.

## Erschließungsphasen der Lektüre

Das Schülerarbeitsheft ist so konzipiert, dass es lektürebegleitend, entsprechend dem Lesefortschritt verwendet werden kann. Die verschiedenen Aufgaben geleiten die Schüler Schritt für Schritt durch die Handlung des Romans und eröffnen nach und nach Deutungsmöglichkeiten.

Nach dem gemeinsamen Einstieg in die Lektüre erfolgt im Zuge der Erstlektüre zunächst eine intensive Inhaltssicherung, die bereits erste Deutungsaspekte berücksichtigt, verschiedene Schreibanlässe bietet und die Grundlage für die weiteren Phasen der vertiefenden Erschließung bildet. Für die vertiefende Erschließung ist es unabdingbar, dass zentrale Textstellen noch einmal gelesen, unter bestimmten Gesichtspunkten beleuchtet und besprochen werden. Hierzu wird durch die Aufgaben des Schülerarbeitshefts bereits eine Reihe von Textstellen vorgegeben. Selbstverständlich liegt es im Ermessen der Lehrkraft, die Reihenfolge der Themenkomplexe der vertiefenden Erschließung zu ändern, wenn die Erstlektüre beendet und der Inhalt gesichert wurde. Die Bausteine des Schülerarbeitsheftes sind als Angebot zu verstehen, mit dem die Lehrperson jederzeit eigene oder sich aus der Arbeit mit der Lektüre ergebende Schwerpunkte setzen kann.

Die folgende Tabelle zeigt die Erschließungsphasen der Lektüre unter Verwendung des Schülerarbeitsheftes im Überblick:

| Phase | Schülerheft | Inhalte und Vorgehensweise |
|---|---|---|
| 1 | S. 4 f. | **Einstieg und Hinführung**<br>• Assoziationen zu Titel, Titelbild und Klappentext<br>• Lesemotivation und Erwartungen des Lesers |
| 2 | S. 6–13 | **Erstlektüre, Inhaltssicherung und Textverständnis**<br>• Exposition: gemeinsame Erarbeitung der Ausgangssituation (Kapitel .01 und .02) im Unterricht<br>• Einfühlen in Figuren, ihre Situation und ihre Gefühlslage |
| 3 | S. 14–36 | **Erstlektüre, Inhaltssicherung und Textverständnis**<br>• sukzessive Erschließung des Inhalts sowie der wichtigen Themen und Konflikte, kombiniert mit ersten Deutungen<br>• abschnittsweises Lesen und Besprechen im Unterricht<br>• analytische und gestaltende Aufgabenstellungen |
| 4 | S. 37–49 | **Vertiefende Erschließung und Deutung – Handlungsträger**<br>• Figuren, ihre Beziehungen und Entwicklungen (Figurennetz, Charakterisierung etc.) |
| 5 | S. 50–54 | **Vertiefende Erschließung – Romanstruktur und Erzähltechnik**<br>• Aufbau des Romans<br>• Erzähl- und Zeitstruktur |
| 6 | S. 55–59 | **Vertiefende Erschließung – Sprache und Stil**<br>• sprachliche Gestaltung des Romans (Sprachformen und -stile, Wortwahl, sprachliche Mittel)<br>• Übungen zu grammatischen Strukturen (Grammatik-Trainingslager) |
| 7 | S. 60–63 | **Vertiefende Deutung – Interpretationsaspekte**<br>Symbolik des Namens Darius, ethisch-moralische Fragestellungen, Interpretationsaussagen |
| 8 | S. 64–67 | **Information und Meinung – Autor, Werk und Kritik**<br>• Biografie und Werk des Autors Thorsten Nesch<br>• Buchempfehlung und -kritik |

Abhängig von der individuellen Planung des Unterrichts ist es möglich, die Aufgaben während des Unterrichts, zu Hause oder als eine Kombination aus Schul- und Hausarbeit erledigen zu lassen. Zur Förderung des selbstständigen Lernens ist es ebenso denkbar, dass die Schüler einzelne Teile des Schülerarbeitsheftes eigenständig bearbeiten und anschließend anhand der Lösungen aus dem Lehrerheft vergleichen.

Alle Lösungen zu den Aufgaben des Schülerarbeitsheftes sind auf den Seiten 29 bis 59 des Lehrerheftes zusammengestellt. Die Arbeitsblätter **M 1** bis **M 6** aus dem Materialteil des Lehrerheftes (siehe LH, S. 63–76) bieten ein vielfältiges Angebot, das an geeigneten Stellen im Lektüreunterricht flankierend genutzt werden kann.

## Übersicht zu den Schreibaufgaben des Schülerarbeitsheftes

Das Schülerarbeitsheft richtet den Fokus der Beschäftigung mit dem Roman *Der Drohnenpilot* auf folgende Schwerpunkte:

- **Verstehen des Handlungsgangs (Inhaltssicherung)**
- **Verstehen der Figuren und ihrer Motive**
- **Einsicht in Beziehungen und Beziehungsproblematiken**
- **Reflexion über Sprache für Textinhalt und -botschaft**

Die folgende Tabelle enthält eine Übersicht der (umfangreicheren) Schreibaufgaben dieses Unterrichtsmaterials, die den Schülern längere zusammenhängende Texte abverlangen:

| **Schreibaufgabe** (Aufgabenformat) | **Aufgabe/ Material** | **Schülerheft** |
|---|---|---|
| **Innerer Monolog** (Gestaltendes Schreiben) | 6 | SH, S. 12 f. |
| **Inhaltsangabe** (Zusammenfassendes Schreiben) | 2 | SH, S. 14 |
| **Tagebucheintrag** (Gestaltendes Schreiben) | 4 | SH, S. 17 f. |
| **Inhaltsangabe** (Zusammenfassendes Schreiben) | 4 | SH, S. 22 |
| **Inhaltsangabe** (Zusammenfassendes Schreiben) | 3/5/6 | SH, S. 24–26 |
| **Inhaltsangabe** (Zusammenfassendes Schreiben) | 2 | SH, S. 27 |
| **Weiterschreiben einer Textstelle** (Gestaltendes Schreiben) | 3 (W) | SH, S. 28 |
| **Inhaltsangabe** (Zusammenfassendes Schreiben) | 3 | SH, S. 31 |
| **Innerer Monolog** (Gestaltendes Schreiben) | 4 | SH, S. 31 |
| **Inhaltsangabe** (Zusammenfassendes Schreiben) | 2 | SH, S. 33 |
| **Weiterschreiben einer Textstelle** (Gestaltendes Schreiben) | 5 (W) | SH, S. 36 |
| **Entwicklung einer Beziehung** (Interpretierendes Schreiben) | 2 | SH, S. 43 f. |
| **Weiterschreiben einer Textstelle** (Gestaltendes Schreiben) | 2 (W) | SH, S. 48 |
| **Kommentar** (Argumentierendes Schreiben) | 1 | SH, S. 67 |
| **Buchbesprechung/Buchempfehlung** (Argumentierendes Schreiben) | 2 (W) | SH, S. 67 |

## Einsatz von Hörbüchern im Deutschunterricht

Gerade in Klassen mit Lesemuffeln oder gar Leseverweigerern stellt die Behandlung einer umfangreicheren Ganzschrift im Unterricht für den Lehrer eine schwierige, in manchen Fällen scheinbar unlösbare Aufgabe dar. Bei der Lehrperson kommt zwangsläufig die Frage auf: Wie kann ich meine Schüler überhaupt zum Lesen animieren, wenn sie sich mit dem Lesen schwertun und/oder sie das Gelesene kaum verstehen? Die Schüler zum Lesen von Literatur zu motivieren, bildet an dieser Stelle die erste Hürde und ist neben der Vermittlung von Lesetechniken und der Förderung der Texterschließungskompetenz zugleich das wichtigste Ziel.

Nach dem »Mehrebenenmodell des Lesens« von Rosebrock und Nix (2010, S.14–24) sind für den gelingenden Erwerb der Lesekompetenz drei Ebenen von Bedeutung:

1. **Prozessebene** (Wort- und Satzidentifikation, lokale und globale Kohärenzbildung)
2. **Subjektebene** (Motivation, Einbeziehung von Weltwissen, Reflexion des Gelesenen, Lebensweltbezug)
3. **Soziale Ebene** (Anschlusskommunikation über gelesene Texte)

Die Arbeit mit einem Hörbuch leistet einen Beitrag zur Medienerziehung im Deutschunterricht und kann den Erwerb und die Förderung der Lesekompetenz gewinnbringend unterstützen. Gerade leseunerfahrene und leseschwache Schüler profitieren durch den Einsatz dieses Mediums, nicht zuletzt weil das Hörbuch einen ganz eigenen Rezeptionsgenuss bietet, dessen Bedeutung für die Motivation nicht zu unterschätzen ist. Durch das simultane Lesen und Hören wird den Schülern die Dekodierung des Textes ein Stück weit abgenommen und damit die lokale und globale Kohärenzbildung, d.h. Verknüpfung von Buchstaben, Wörtern und Satzfolgen sowie Gesamtverständnis des Textes, erleichtert. Die vertiefende Weiterarbeit mit dem Text und das lesebezogene Selbstkonzept können dadurch positiv beeinflusst werden.

Das alleinige Hören eines Hörbuches kann eine willkommene Abwechslung in den Unterricht bringen, das Lesen mit Hörbüchern ist zudem eine Form des Lautlese-Trainings. Das Lautlese-Training mit Hörbüchern erfolgt nach dem Prinzip »Lesen durch Hören«, d.h., die Schüler hören ein Hörbuch und lesen gleichzeitig (halb-)laut in ihrem Buch mit. Im englischsprachigen Raum wird das »Listening-while-Reading« zur Förderung der Lesekompetenz bereits eine geraume Zeit im Literaturunterricht an Schulen genutzt, mit nachhaltigem Erfolg. In Deutschland wird dieses Verfahren zur Leseanimation und Unterstützung des literarischen Lesens immer noch stiefmütterlich behandelt. Steffen Gailberger (2011) konnte zeigen, dass ein Lautlese-Training mit Hörbüchern die Leseflüssigkeit, die Lesemotivation und das Textverstehen nachweislich fördert. Insbesondere für schwach lesende Jugendliche stellt diese Methode eine geeignete Form der Leseförderung dar. Gailberger (2011) vereinte seine Erkenntnisse und Erfahrungen im »Lüneburger Modell«, einem Konzept zur Leseförderung, nach dem sich Schüler einen Text durch gleichzeitiges Lesen und Hören erschließen.[4]

Das **Hörbuch** (2020) ist bestellbar über den Krapp & Gutknecht Verlag ISBN 978-3-941009-68-4 Best Nr.: HörDrohnenpilot

Das von dem Schauspieler Max Ruhbaum professionell eingesprochene Hörbuch zum Roman *Der Drohnenpilot* eignet sich sehr gut für die Verwendung im Deutschunterricht. Die Hörfassung kann sowohl zur Texterschließung als auch zur vertiefenden Auseinandersetzung mit dem literarischen Text genutzt werden. Zum Einsatz des Hörbuchs beinhaltet das kostenpflichtige Materialpaket ein Arbeitsblatt, das hinsichtlich der Beurteilungskriterien an den Katalog der sprecherischen und sprachlichen Ausdrucksmittel (siehe LH, S.11) angelehnt ist. Für das Schülerarbeitsblatt wurde eine Auswahl von einigen wenigen Kriterien getroffen, da viele Lerngruppen in diesem Teil des Kompetenzbereichs »Sprechen und Zuhören« wenig geübt sind und einer Hinführung bedürfen. Zur Differenzierung können in wenig erfahrenen Lerngruppen die Beurteilungskriterien arbeitsteilig als Hörauftrag vergeben werden. An die Analyse einer von der Lehrperson ausgewählten Hörsequenz schließt sich ein Vergleich von Lese- und Hörrezeption an. Dieser Vergleich stellt über die Behandlung der Lektüre hinaus einen Bezug zum individuellen Medienkonsum der heutigen Jugend her und die Jugendlichen reflektieren ihr Rezeptionsverhalten, was auch einen Beitrag zur Herausbildung literarischer Rezeptionskompetenz leistet.

Den vollständigen Kriterienkatalog, der sich nicht nur auf Hörbücher/Hörspiele bezieht, sondern auch auf Lesungen bzw. Sprechakte im Allgemeinen, finden Sie auf der nächsten Seite.

---

4 Weitere Informationen über die Arbeit mit dem Hörbuch siehe: Volker Bernius/Margarete Imhof (Hg.): *Zuhörkompetenz in Unterricht und Schule – Beiträge aus Wissenschaft und Praxis.* Edition Zuhören Vandenhoeck & Ruprecht 2010, S.105–134.

## Kriterienkatalog »Sprecherisch-sprachliche Ausdrucksmittel«

Die nachfolgenden »Sprechwirkungskriterien« aus dem Bereich der Sprecherziehung eignen sich u.a. zur kriterienorientierten Beurteilung von Hörbüchern, Lesungen und sinngestaltendem Vorlesen in der Schule.

### 1. Melodische Ausdrucksmittel

- Tonhöhe: hoch – tief
- Intonation, d.h. Tonhöhenverlauf und Wort- bzw. Satzmelodie: abwechslungsreich – monoton
- Klangfülle: voll – eng
- Klangfarbe: hell – dunkel
- Klangfarbenqualität (Stimmung)

### 2. Dynamische Ausdrucksmittel

- Betonung: gehäuft – selten/passend – unpassend
- Betonungswechsel: gleichmäßig – sprunghaft
- Lautstärke: gleichbleibend/monoton – wechselnd

### 3. Temporale Ausdrucksmittel

- Sprechgeschwindigkeit: schnell – langsam
- Geschwindigkeitswechsel
- Pausenanzahl: viele – wenige
- Pausendauer
- Pausenart: spannungsaufbauend – spannungslösend

### 4. Artikulatorische Ausdrucksmittel

- Aussprachedeutlichkeit
- Deutlichkeitswechsel
- Lautbindung: abgehackt – bindend
- Lautungsstufen: Standardsprache – Dialekt
- Lautungsgriff: scharf – verwaschen

### 5. Gestik und Mimik

- unterstützend
- widersprechend
- Doppelbindung: verbaler Ausdruck passt zu oder widerspricht nonverbalem Ausdruck

### 6. Hörerbezug

- Blickkontakt/Gestik/Mimik
- Körperhaltung: zuwendend – abwendend
- Verstehensbereitschaft/Empathiefähigkeit

### 7. Themabezug

- Zusammenhang
- Klarheit
- Genauigkeit
- Anschaulichkeit
- Argumentation

### 8. Situationsbezug

- Angemessenheit: Thema – Person – Kommunikationsart

### 9. Intensität

- Hörerbezug
- Themabezug
- Darstellungsbezug

Die nachfolgenden Ausführungen zur Analyse und Interpretation erheben keinen Anspruch auf Vollständigkeit. Es werden lediglich einige Untersuchungsaspekte herausgegriffen und kurz dargelegt.

## Inhalt

Seit dem Tod seiner Mutter lebt der 17-jährige Darius alleine mit seinem Vater in einfachen Verhältnissen, da sie vom Grundeinkommen leben. Nach seinem Schulabschluss an der Edward-Snowden-Gesamtschule hat er keine Ausbildungsstelle bekommen und auch sein Vater ist seit längerer Zeit arbeitslos. Seine Freizeit verbringt Darius hauptsächlich mit dem Zocken von *Raid*, einem Computerspiel, bei dem der Spieler mit verschiedenen Flugzeugtypen Missionen erfüllen muss. Abgesehen davon trifft er regelmäßig seine Freundin Evelyn, die er anfangs bei der Demonstration gegen die Zuschüttung des Schwanenteichs unterstützt.

Als er *Raid* erfolgreich durchgespielt hat, erhält Darius ein Jobangebot von der Firma D-Air Limited, die das Spiel entwickelt hat. Er vermutet zunächst, dass es um eine Stelle als Testspieler gehen könnte und ist direkt voller Begeisterung – ganz im Gegensatz zu Evelyn, die zunächst nicht an die Ernsthaftigkeit des Angebotes glaubt. Nachdem Darius den Arbeitsvertrag tatsächlich unterschrieben hat, ist die Freude bei Vater und Sohn darüber, dass sein Hobby ihm einen Job verschafft hat, groß.

Evelyn zeigt sich weiterhin äußerst skeptisch und auch Darius' erster Flugeinsatz am Schwanenteich sowie der darauffolgende Abschuss eines Piratenschiffs verunsichern ihn zuweilen. Mit den beschwichtigenden Worten seines Vorgesetzten Herrn Spiess wächst jedoch zusehends der Stolz, immerhin erhält Darius ein sehr gutes Gehalt sowie eine eigene, luxuriöse Wohnung von D-Air. Der ungute Beigeschmack, verursacht durch die Verschwiegenheitsklausel im Arbeitsvertrag und die Lügen gegenüber Evelyn, bleibt jedoch und führt zu einem Streit mit seiner Freundin. Diese macht ihm Vorwürfe aufgrund der moralischen Nichtvertretbarkeit seiner Drohneneinsätze. Darius' Beharren auf der Rechtschaffenheit sowie Bedeutsamkeit seiner Arbeit führt dazu, dass seine Freundin ihn nicht mehr wiedererkennt; sie kann seinen Wandel nicht nachvollziehen. Evelyn äußert ihre Sorge um ihn, macht jedoch auch deutlich, dass sie weder seine Einstellung, noch sein Handeln für akzeptabel hält.

Nach dem Beziehungsende feiert Darius seinen 18. Geburtstag alleine in der angesagten Diskothek Star Wars, in der er auf zwei ehemalige Schulkameraden trifft, die inzwischen sehr erfolgreich sind und offensichtlich nach wie vor zu den angesagten Leuten zählen. Darius genießt es an diesem Abend, nun ebenfalls dazuzugehören. Der starke Alkoholkonsum führt zu einem Blackout, und auch das nachfolgende Treffen mit seinem Vater, der seine Sorgen und Bedenken wegen Darius' offensichtlicher Veränderung äußert, eskaliert. Neben seinem äußeren Erscheinungsbild hat sich tatsächlich auch ein psychischer Wandel vollzogen: Die Halluzinationen, welche durch seine Flugeinsätze verursacht werden, verleiten ihn zur Einnahme der Droge Erasonal gegen diese Aussetzer.

Bei einem Date mit seiner Arbeitskollegin Kira taucht Darius weiter in die Welt der Wohlhabenden ein. Er fühlt sich zu ihr hingezogen und die beiden kommen sich näher. Als ihm klar wird, dass Kira für ihn lediglich eine Ablenkung von seinem Herzschmerz wegen Evelyn ist, kontaktiert er letztere und bittet sie, sich bei ihm zu melden.

Bei einem spontanen Drohneneinsatz mitten in der Nacht erfährt Darius, dass er die Arbeit seines Kollegen Tarik zu Ende führen soll, der den Flug überraschend abgebrochen hat. Als ihm klar wird, dass er als Sniper einen Terroristen töten soll, wehrt sich Darius mit der Begründung, dass er niemanden töten möchte. Nach einem regen Wortwechsel mit Herrn Spiess, der ihn von der moralischen Vertretbarkeit dieses Einsatzes überzeugen möchte, kommt es zur Rangelei der beiden, da Darius sich nach wie vor weigert, die Rakete abzuschießen. Nachdem sein Chef in einem Handgemenge den Feuerknopf gedrückt hat, erscheint ein Kind inmitten der Schusslinie. Darius' Abbruchversuch scheitert. Die Autorität von D-Air behauptet, statt eines Kindes sei lediglich ein Huhn vor dem Haus gewesen. Darius beschließt, dass er nicht mehr für diese Firma arbeiten wird, was zu einem Kampf mit Herrn Spiess führt, der ihn davon abhalten möchte, zu gehen. Letztendlich gelingt ihm die Flucht.

Darius macht die Machenschaften der Firma über seine Social-Media-Kanäle öffentlich und spricht sich gerade mit Evelyn aus, als es zu einem brutalen Angriff von D-Air am Schwanenteich kommt. Die beiden können sich vom Ort des Geschehens entfernen, bevor sie gefangen genommen werden.

Im Downloadbereich zu diesem Lehrerheft ist eine tabellarische Übersicht mit kapitelweisen Inhaltszusammenfassungen für Sie hinterlegt.

## Romanstruktur

Thorsten Neschs *Drohnenpilot* beginnt in medias res innerhalb der Erzählgegenwart des 17-jährigen Protagonisten Darius, der sich in diesem Moment an einer Mission in seinem Lieblingsvideospiel *Raid* versucht. Der Romananfang legt also den Grundstein für Darius' berufliche Entwicklung und der Leser steigt somit direkt zu Beginn dieses neuen Lebensabschnitts der Hauptfigur ein. In diesem ersten Kapitel erhält der Leser durch eine Rückblende Einblicke in Darius' Gefühlswelt rund um die Krankheit seiner Mutter sowie in die ersten Annäherungen mit Evelyn. Hiernach erfolgt wieder der Sprung in die vorherige Zeitebene, auf der auch der Rest des Romans weiterhin verläuft. Die Handlung wird weitestgehend chronologisch erzählt, die Erzählstruktur ist folglich recht simpel gehalten. Die Tatsache, dass auf komplexere Techniken wie beispielsweise eine Rahmen- und Binnenhandlung verzichtet wird, erleichtert das Lesen für Schüler enorm. Sie tauchen schrittweise immer tiefer und tiefer in die Handlung und damit in Darius' Entwicklung ein, ohne dabei durcheinanderzugeraten oder zurückblättern zu müssen, um sich zu vergewissern, an welcher Stelle des Geschehens sie sich gerade befinden.

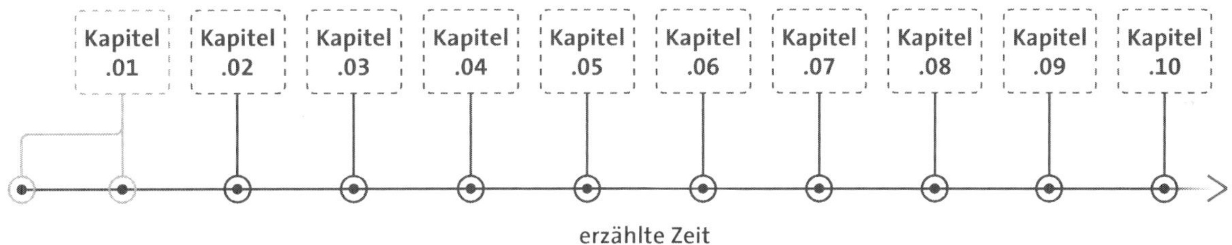


Der Roman umfasst insgesamt zehn Kapitel unterschiedlichen Umfangs, die ihrerseits noch einmal in mehrere Unterkapitel (Erzählabschnitte) unterteilt sind. Thorsten Nesch verzichtet hierbei auf Überschriften und nutzt lediglich Nummern. Hier bietet sich den Lernenden die Möglichkeit, ihre eigene Fantasie zu nutzen, um selbst passende (Unter-)Titel zu entwerfen. Auf diesem Weg können des Weiteren die zentralen Inhalte herausgestellt und so eine grobe Struktur erarbeitet werden.

Mit jedem weiteren Kapitel gerät Darius mehr und mehr in die Machenschaften von D-Air hinein. Gewissenskonflikte, Unsicherheiten und Streitigkeiten häufen sich, zwischendurch thematisieren die Unterkapitel aber auch Gefühle wie Stolz und Erfolg und zum Ende hin wachsende Skepsis und steigendes Selbstbewusstsein beziehungsweise Entschlossenheit. Gleichsam steigt der Spannungsbogen kontinuierlich an, bevor er im letzten Kapitel in einer klaren Entscheidung vonseiten Darius' und einem ebenso klaren Statement seines ehemaligen Arbeitgebers mündet.

Das offene Ende wirft Fragen auf, bietet jedoch zugleich Freiraum für eigene Ideen und Assoziationen der Schüler: Werden Darius und Evelyn D-Air vollends entkommen? Was passiert, wenn sie auf Herrn Spiess treffen? Was, wenn ein weiterer Drohnenangriff geplant und durchgeführt wird?

Dadurch, dass die Hauptfiguren Darius und Evelyn ein hohes Identifikationspotenzial mit sich bringen, liegt die individuelle Auseinandersetzung der Lernenden mit einem möglichen weiteren Handlungsverlauf nahe. Dabei erscheint es unerlässlich, dass sie auch hier ihre eigene Fantasie nutzen, um zuvor Gelesenes sinnstiftend weiterzustricken.

## Figuren

Zum Figureninventar des Romans gehören zwölf Figuren, von denen die Hälfte handlungstragend ist, zum Beispiel Darius und dessen Vater, Evelyn sowie Herr Spiess, Kira und Tarik. Die anderen Figuren treten entweder nicht selbst in Erscheinung oder sie tauchen nur an wenigen Stellen auf:

- Darius' verstorbene Mutter
- Evelyns Mutter Tina
- Sven
- Anecken
- Martin
- Benno
- Noah
- Vadaw

Allgemein lässt sich sagen, dass der Protagonist sowie dessen nahes Umfeld aus recht einfachen und schlichten Verhältnissen stammt: Darius' Familie lebt vom Grundeinkommen, Evelyn arbeitet in der Pflege. Die Angestellten von D-Air sowie Martin und Benno sind hingegen finanziell sehr viel besser aufgestellt.

Die jugendliche Identifikationsfigur ist der 17- bzw. 18-jährige Darius. Das weibliche Pendant verkörpert dessen Freundin Evelyn, mit der auch Schülerinnen eine adäquate Identifikationsfigur haben. Vor allem passt hier das Thema »erste Liebe« zur Lebenswelt der Lernenden. Was seine Beziehung zu Evelyn anbelangt, so veranschaulichen die zahlreichen Auseinandersetzungen der beiden rund um Darius' Job, dass in Beziehungen unterschiedliche Meinungen und Interessen aufeinandertreffen. Auch die Eifersucht Sven gegenüber, der Evelyn in ihrer Abwehrhaltung Darius gegenüber zu bestärken scheint, greift ein alltägliches Thema auf, welches den Schülern Identifikationsmöglichkeiten bietet.

Von Darius' Mutter erfährt der Leser lediglich im Rückblick. Die enge Bindung zu ihr sowie die Trauer über ihren Verlust werden wiederkehrend im Roman angedeutet, gleichermaßen wird die Distanz zwischen Vater und Sohn an den wenigen unterkühlten Unterhaltungen der beiden verdeutlicht. Die Tatsache, dass dem Leser der Name des Vaters vorenthalten wird, deutet darauf hin, dass dieser sich selbst nach dem Tod seiner Frau aufgegeben hat, was auch am erhöhten Alkoholkonsum festzumachen ist. An dieser Stelle muss man sich bewusstmachen, dass das personale Erzählverhalten aus der Sicht von Darius nur eine einseitig gefärbte Sicht auf die Familiensituation ermöglicht.

Auch Darius' anfängliche Unsicherheit Herrn Spiess gegenüber passt zur Lebenswelt der Zielgruppe des Romans, die womöglich keine bis nur sehr wenig Erfahrung in der Arbeitswelt hat.

Herr Spiess verkörpert die Art von Chefs, die es nicht ausstehen können, wenn Anweisungen hinterfragt oder gar diskutiert werden. Er möchte Darius gerne nach seinen – beziehungsweise D-Airs – Vorstellungen formen und dabei enthält er ihm zahlreiche Informationen vor.

Kira hat hier die Rolle der Verführerin, sie ist bereits ein Teil der luxuriösen neuen Lebenswelt, in die Darius mit seinem neuen Job eintaucht. Die Tatsache, dass sie professionell und ohne sich zu beschweren in der Firma arbeitet, stärkt sein Vertrauen in D-Air kurzfristig, ebenso die Ausführungen seines Kollegen Tarik, der ihm dazu als erfahrener Pilot Insider-Tipps gibt.

Martin und Benno verkörpern die angesagten Typen der Schule, die es an jeder Schule gibt, welche auch darüber hinaus beruflich erfolgreich sind. An diesem Punkt seines Lebens kann Darius sich mit ihnen identifizieren; er hat es geschafft, die Rolle des „Underdogs" abzuschütteln. Dazu passt, dass seine besten Freunde Noah und Vadaw an seinem Geburtstag nicht so präsent sind, wie sie es zuvor immer waren.

Weitergehende Figurenanalysen finden in den Kapiteln zur inhaltlichen Texterschließung und zu den Figuren und ihren Beziehungen im Schülerarbeitsheft (vgl. SH, S. 37–49) statt. Es ist sinnvoll, die Schüler selbst eine Figurenkonstellation mit ausgewählten Figuren des Romans erstellen zu lassen oder gemeinsam mit der Lerngruppe eine solche zu entwickeln.

## Erzähltechnik

Bei der Erzähltechnik hat sich Thorsten Nesch für einen personalen Ich-Erzähler entschieden. Der junge Erwachsene Darius fungiert hier als Vermittlungsinstanz für seinen Roman. Auf einen Wechsel der Erzählform beziehungsweise des Erzählverhaltens verzichtet der Autor weitgehend. Hierdurch wird der Lesefluss erleichtert, was besonders Schülerinnen und Schülern wiederum vor dem Hintergrund des Textverständnisses, aber auch in Bezug auf die Lesemotivation entgegenkommt.

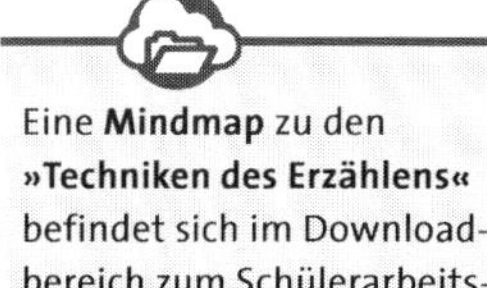

Eine **Mindmap** zu den **»Techniken des Erzählens«** befindet sich im Downloadbereich zum Schülerarbeitsheft.

Der personale Ich-Erzähler bietet dem Leser darüber hinaus die Möglichkeit, das Geschehen aus der Perspektive des Inneren des Protagonisten Darius mitzuerleben und so direkt von dessen Wahrnehmungen, Gedanken und Empfindungen zu erfahren. Damit geht einher, dass die Sicht des Lesers durch das personale Erzählverhalten stark eingeschränkt ist, da ihm somit der Blick in die Gefühls- und Gedankenwelt anderer Figuren verwehrt bleibt. Es erfolgt eine deutliche Fokussierung auf die Figur des Darius, die damit zugleich zur Identifikationsfigur für Jugendliche wird. Nesch nutzt hier das sogenannte ‚erzählende Ich', welches auf das Geschehene zurückblickt und aus dieser Perspektive heraus die Handlung rekapituliert, wobei an vielen Stellen auch das ‚erlebende Ich' durchblickt.

Auf der narrativen Ebene erstreckt sich die Handlung über mehrere Wochen, beginnend mit Darius' Vorliebe für sein Videospiel *Raid* über seine Anstellung bei D-Air bis hin zu seiner Kündigung. Der Ich-Erzähler nimmt den Leser ohne große Umschweife mit auf diese äußere und innere Reise des Protagonisten zu sich selbst. Wie bereits erwähnt, werden Zeitsprünge, sprich Vorausdeutungen oder Rückblenden, nur sehr sparsam eingesetzt. Der im Kapitel Erzählstruktur erwähnte Rückblick auf die Anfänge von Darius' und Evelyns' Beziehung erstreckt sich auf nur wenige Seiten und gibt auch nur begrenzte Einblicke in die Zeit, in der Darius sich mit der Krankheit der Mutter konfrontiert sah. Vorausdeutungen findet man indirekt beispielsweise innerhalb des Gespräches zwischen Darius und Tarik (vgl. S. 117–119). In dieser Unterhaltung erklärt der erfahrene Drohnenpilot dem Protagonisten, dass die Halluzinationen, welche bei D-Air mit dem Medikament respektive der Droge ‚Erasonal' behandelt werden, mit Sicherheit im Laufe der Zeit weitaus schlimmer werden. Hieraus lässt sich schon schließen, dass dieser Job auf Dauer unangenehme Begleiterscheinungen zur Folge haben wird. In diesem Zusammenhang lässt sich auch die Sorge Evelyns um Darius' Zustand als eine Art Vorausdeutung interpretieren. Im Endeffekt bewahrheiten sich alle ihre Zweifel und Bedenken.

Hinsichtlich der Darbietungsformen wechseln sich Erzählerbericht und Figurenrede harmonisch ab. Wegen des relativ hohen Anteils an direkter Rede wird die szenische Darstellung forciert und der Text lebendig gestaltet. Für Abwechslung sorgen hier die detaillierten Beschreibungen der Flugeinsätze, bei denen der Leser vollends in die Rolle des Piloten schlüpfen kann.

Als ein weiteres erzählerisches Gestaltungsmittel nutzt der Autor zum Abschluss der Geschichte zwei Zitate – eines von einem ehemaligen Pressesprecher des Weißen Hauses und das zweite von einem ehemaligen Drohnenpiloten der United States Aire Force. Mit der inzwischen gewonnenen Textkenntnis erschließen sich dem Leser hier zwei Perspektiven auf den Einsatz von Drohnen – zum einen aus der Perspektive der befehlsgebenden Regierung und zum anderen aus dem Blickwinkel eines selbst betroffenen Verantwortlichen für Einsätze solcher Art. Hierdurch wird im Roman, d. h. in der Fiktion, eine Verbindung zur realen Welt, in der wir leben, hergestellt.

## Sprache und Stil

Der verwendete Sprachstil ist insgesamt vergleichsweise einfach gehalten. Die Ausnahme bildet der Fachjargon aus der Welt der Videospiele und Drohnen. So verwendet Thorsten Nesch in diesem Zusammenhang Wörter wie Flak, Hitman, Rookie, Spyware oder Sniper. Leitmotivisch taucht der Anglizismus ‚Device' (engl. *Gerät*) immer wieder im Roman auf, dessen Bedeutung sich problemlos aus dem Geschehenszusammenhang ergibt. Der Autor bedient sich darüber hinaus dem sprachlichen Mittel der Wortneuschöpfung mit Ausdrücken wie „bluen", was ein Neologismus für das Zusenden via Bluetooth ist, oder auch Abkürzungen wie „SASPO" (S. 87, Z. 24). Diese Kombination macht das Jugendbuch für die Zielgruppe so authentisch, erinnert sie doch stark an die von Jugendlichen selbst gesprochene Sprache. Passend hierzu ist auch die Verwendung von Umgangssprache sowie von derben Elementen, beispielsweise in Darius' Gedanken: „Ich könnte kotzen." (S. 95, Z. 23) zu nennen, ebenso wie seines Vaters Feststellung: „»Du siehst richtig Scheiße aus, Darius [...]«" (S. 153, Z. 20). Diese macht Nesch sich zu Nutze, um hochkochende Emotionen zu verdeutlichen.

Wenn es darum geht, dem Leser Darius' Gefühlswelt zugänglich zu machen, so verwendet Nesch hierzu viele sprachliche Bilder. Durch Sätze wie „Mir war, als fiele ich die Leiter der angesagten Läden hinauf." (S. 181, Z. 9) wird das Vorstellungsvermögen der Jugendlichen angeregt. Gleichzeitig veranschaulicht die Verwendung dieses Stilmittels die Empfindungen der Figuren: „Mit dem ersten Gedanken an Evelyn wachte ich auf. Genau wie der Knoten im Bauch, der im Hals und der im Hirn." (S. 95, Z. 31–33). Hier unterstreicht Thorsten Nesch die Belastung und Schwere, die mit Darius' Gefühlen für Evelyn einhergehen.

Der Roman bietet den Schülerinnen und Schülern sowohl von seinen Darbietungsformen her als auch sprachlich-stilistisch zahlreiche Leseanreize. Zum einen sorgen die vielen Dialoge im Wechsel mit den Erzählerberichten für Lebendigkeit und Spannung. Die Verflechtung von Ereignisschilderungen, Gesprächen und Reflexionen bildet die ganze Bandbreite von Darius' Gedanken bezüglich seiner Arbeit als Drohnenpilot für D-Air ab. Dadurch wird lange Zeit offengelassen, ob Darius den Job weiterhin ausübt und eventuell im Laufe der Zeit abstumpft, ob die Gehirnwäsche, wie Evelyn es bezeichnet, fruchtet, oder ob er sich am Ende gegen die Firma und ihre Machenschaften durchsetzt.

## Symbolik

### Das Kupferarmband

Der Autor setzt Symbole und Motive eher sparsam ein, sodass sich die Dekodierung auf wenige bedeutungsschwere Gegenstände begrenzt. Allen voran ist Darius' Kupferarmband ein den Text leitmotivisch durchziehendes Dingsymbol. Es gehörte einst seiner Mutter, Darius legte es sich als Erinnerung eine Woche nach ihrer Beerdigung um und so trägt er es, bis er es am Ende der Handlung im Wasser verliert. Im Verlauf der Geschichte taucht das Armband stets wie zufällig auf – mal drückt es an Darius' Handgelenk, mal macht es ein klackerndes Geräusch oder es verfängt sich in etwas. Als Kira ihm ein Kompliment für das Schmuckstück ausspricht, erwähnt er dessen Seltenheit. (vgl. S. 177 f.) Hierdurch wird die Besonderheit und Einzigartigkeit des Armbandes verdeutlicht. Dies zeigt sich auch in der Situation des Kampfes zwischen Herrn Spiess und Darius bei dessen letztem Drohneneinsatz. Auffällig ist dabei, dass der junge Drohnenpilot auch in solch einer brenzligen Situation alles dafür gibt, das Armband schnell wieder zu bekommen, um es sofort wieder anzulegen. Das Schmuckstück seiner Mutter ist Darius' wertvollster Besitz, mit ihm trägt er einen Teil von ihr immer mit sich. So ist es nicht verwunderlich, dass der Verlust des verbindenden Elementes zu Darius' Mutter mit starken Emotionen einhergeht. Auffällig ist, dass er das Armband nicht etwa aus eigener Entscheidung ablegt. Er verliert es aus einem Zufall heraus, als Evelyn es unbeabsichtigt unter Wasser reißt. Darius sucht panisch nach dem Schmuckstück, gleichzeitig versucht er, sich seine Gefühle vor Evelyn nicht anmerken zu lassen. Erst als sie ihm klarmacht, dass der Verlust des Kupferarmbandes nicht automatisch zur Folge hat, dass Darius seine Mutter vergisst, kann er davon ablassen. Der Verlust des Schmuckstücks steht dabei also vielmehr für den Abschluss eines alten Kapitels, fürs Weitermachen, ein Stück weit loslassen und dafür, Erinnerungen nicht mehr nur an Gegenständen zu fixieren.

### Das Computerspiel *Raid*

Auch das Videospiel *Raid* hat einen Symbolcharakter, es steht für die Flucht oder das Eintauchen in eine andere Welt. Auffällig ist die Häufigkeit, mit der Darius diesen Weg wählt, um seinem Alltag zu entfliehen. Sein Vater beschwert sich darüber, ebenso Evelyn, die in diesem Dasein wenig Sinn zu erkennen vermag. Seit dem Tod seiner Mutter scheint das Verhältnis zwischen Vater und Sohn ins Wanken geraten zu sein. Darius' Vater scheint viel mit sich beschäftigt zu sein, er trägt schwer an dem Verlust seiner Frau, was durch den Alkoholkonsum angedeutet wird. Darius schafft sich innerhalb dieser virtuellen Welt ein neues, ein zweites Ich mit dem Namen „Darryman". Dadurch, dass das Videospiel ein verstecktes Trainingsprogramm für Drohnenflüge ist, steht es allerdings auch für eine große Chance. Darius schafft das Spiel und legt so den Grundstein für seine Tätigkeit später. Für ihn ist *Raid* eine Möglichkeit, etwas aus seinem Leben zu machen, ein Ausweg, ein Weg, sein Können gezielt einzusetzen. Es diente der Vorbereitung, und diesen Zweck hat es erfüllt – das zeigt sich an Darius' Erfolg. Interessant ist auch, dass sich seine Erinnerungen an das Videospiel nach einer gewissen Zeit mit den echten Drohneneinsätzen vermischen. Die Grenzen zwischen virtueller und realer Welt verschwimmen so sehr, dass Darius an einer Stelle aufgebracht ausruft: „»Bei Raid ging das.«" (S. 198, Z. 26).

Zum Ende hin zockt Darius sein einstiges Lieblingsspiel nicht mehr. Seit Antritt seiner neuen Tätigkeit besteht die Notwendigkeit des Flüchtens in eine andere Welt nicht mehr – tut er dies nun doch beruflich. Die Chance lebt er eine Weile, nur, um sie am Ende aber abzulegen.

### Drohnen

Die Drohnen selbst sind als Objekte mit Symbolcharakter anzusehen. Sie stehen innerhalb des Romans für zweierlei Aspekte: Im Allgemeinen symbolisieren sie Überwachung, im Handlungsverlauf stehen sie für Hinterhalt. Bei Darius' erstem Einsatz am Schwanenteich tarnt er die Drohnen im Geäst. Während die Drohnen dem jungen Piloten zunächst als ‚Aufklärungsmittel' verkauft werden, setzt D-Air sie später als Kampfdrohnen ein, wozu sie sich durch ihre Größe und die Beweglichkeit optimal eignen.

### Der Schwanenteich

Auch der Schwanenteich hat eine sinnbildliche Bedeutung. Für Darius und Evelyn ist ihr Lieblingsplatz ein Ort der Freiheit, an dem sie unter sich sein können. Die eigentliche Idylle dieses Schauplatzes wird grundsätzlich von der Zuschüttung bedroht, später jedoch direkt durch Darius, der an seinem ersten Einsatz dort Zerstörung verursacht. Wie ein Anker erinnert der Schwanenteich Darius im Laufe der Zeit immer wieder an seinen Ursprung, seine Heimat und seine Überzeugungen. So ist es bezeichnend, dass Darius' Arbeitsweg an diesem Schauplatz vorbeiführt und die Bahn dort einen eigenen Ausstieg hat. Während Evelyn ihren Überzeugungen treu bleibt, indem sie stets am Schwanenteich zu sehen ist und dort Einsatz bringt, entfernt Darius sich immer mehr von seinen Vorstellungen, je weiter er sich auch physisch von diesem Ort entfernt. So entscheidet er sich nach dem Disput mit Evelyn und seinem Vater auch bewusst dagegen, am Schwanenteich vorbeizufahren. (vgl. S. 185) Mit der Rückkehr zu seinen ursprünglichen Überzeugungen und der Abkehr von den Machenschaften von D-Air kommt Darius wieder an den Schwanenteich zurück. Durch den Angriff am Ende auf diesen für die Jugendlichen wichtigen Ort kommt Unheil und Zerstörung über die eigentliche Idylle. Dies mündet darin, dass Darius und Evelyn flüchten müssen, um den Platz hinter sich zu lassen und zu neuen Ufern aufzubrechen.[5]

---

5 Der Roman enthält einen inhaltlichen Fehler, der jedoch keine Auswirkung für die Handlung hat. Die Nadel am Schwanenteich wird zunächst aus Stein (vgl. S. 26) beschrieben und später aus Stahl (vgl. S. 53 und 209).

## Themen und Motive

*Der Drohnenpilot* gehört zur nationalen Kinder- und Jugendliteratur (KJL) des 21. Jahrhunderts. Die große Bandbreite an Themen aus der Lebenswirklichkeit von Jugendlichen bietet vielfältige Möglichkeiten zur thematischen Schwerpunktsetzung im Rahmen der Lektürebehandlung in der Schule. Die Themenauswahl für den Unterricht muss selbstverständlich an der jeweiligen Lerngruppe orientiert sein. Im Idealfall werden die Schüler an der Auswahl der Themen beteiligt und können mitbestimmen, welche Schwerpunkte für sie von besonderem Interesse sind.

Einen wertneutralen Überblick zu den zentralen Themen des Jugendbuchs gibt das nachstehende Wortgitter. Einige der dort aufgeführten Themen stellen überdies Motive (Beweggründe) dar, die ein bestimmtes Verhalten evozieren oder Antrieb für die Handlung einer Figur sind (z. B. Evelyns Anliegen, dass Darius etwas aus seinem Leben macht als Grund für seine Unterschrift zum Jobangebot).

Nachfolgend werden drei Themenkomplexe exemplarisch herausgegriffen und kurz erläutert.

### Die eigene Familie als Ursprung

Die Familie spielt eine zentrale Rolle im Prozess des Erwachsenwerdens. Sie ist unser aller Ursprung, sie gibt Heranwachsenden Orientierung und sie hat eine Vorbildfunktion inne. So können Eltern, Großeltern und alle weiteren Familienmitglieder wichtige Ansprechpartner sein und jungen Erwachsenen bei Fragen, Unsicherheiten und Problemen beratend zur Seite stehen. Damit dieses Potenzial genutzt werden kann, sind Voraussetzungen wie Respekt, Vertrauen und ein gegenseitiges Interesse unabdingbar. Andernfalls stellen Jugendliche Fragen wie „Was würdest du tun?“ ausschließlich anderen Ansprechpartnern wie beispielsweise Freunden.

Einstellungen von beispielsweise den eigenen Eltern können sowohl adaptiert, andererseits aber auch diskutiert, hinterfragt und angezweifelt werden. Ereignisse innerhalb der Familie wie Streitigkeiten, Trennungen oder wie in Darius' Fall Krankheiten sowie der Tod eines Elternteils prägen den Lebenslauf. Die Familie steht im direkten Zusammenhang mit der Reflexion darüber, wer man sein möchte und wie man von seiner Umwelt wahrgenommen wird beziehungsweise werden will. Dabei geht es darum, seinen Platz in der Welt zu finden.

In Neschs Jugendroman zeigt sich bereits im ersten Kapitel, dass diese Grundlage der intakten Familie seit der schweren Krankheit von Darius' Mutter ins Wanken geraten und mit ihrem Tod zerstört worden ist. Schnell wird klar, dass die Verhältnisse etwas verschoben sind: Darius sorgt sich um seinen Vater, der einen sehr ungesunden Eindruck auf ihn macht. (vgl. S. 10, Z. 18–23) Warum das so ist?

Das erste Kapitel beginnt mit einer recht typischen Diskussion, wie man sie von Teenagern und deren Eltern kennt – es geht um Pünktlichkeit, Aufräumen und den Zeitvertreib. Später erfährt der Leser jedoch, dass der Tod der Mutter einschneidende Veränderungen mit sich brachte. Auch die zweijährige Pflege seiner

Frau hat Darius' Vater mitgenommen; er arbeitet nicht, stattdessen verbringt er viel Zeit vor dem Fernseher. Mehrfach wird im Roman der häufige Alkoholkonsum angedeutet. (vgl. S.56, Z.22–25, S.120, Z.27–31) Für Darius erfüllt sein Vater seine Vorbildfunktion nicht (mehr) und sein Sohn macht es nicht zum Thema, stattdessen unterdrückt er seine Bedenken um des Friedens willen. (vgl. S.153, Z.24–26) Dieses Verantwortungsgefühl sollte eigentlich der Vater Darius gegenüber haben. Dadurch, dass dieser sich selbst offenbar aufgegeben hat, hat Darius keinen Ansprechpartner. Hinzu kommt, dass ihm der Orientierungspunkt der Mutter fehlt. So holt er sich bei der Frage, ob er das Jobangebot annehmen soll, lieber einen Ratschlag von einem Fremden ein, statt zuerst alles zu Hause zu besprechen. (vgl. S.48, Z.20–S.49, Z.15)

Als der Vater zum Ende hin seine Rolle als Elternteil wahrnehmen möchte und mit seiner Sorge um Darius versucht, an ihn heranzukommen, rastet dieser aus. Dies mag daran liegen, dass er mit seinem Ausruf „»Du siehst richtig Scheiße aus, Darius, Entschuldigung, dass ich dir das sagen muss« [...]" (S.153, Z.20f.) ungeschönt mit der Tür ins Haus fällt, zudem fehlt aufgrund der emotionalen Distanz sowie der fehlenden Kommunikation zwischen beiden aus Darius' Perspektive jegliche Grundlage für solche Belehrungen und Vorwürfe. Entsprechend reagiert dieser nun nicht mehr mit Rücksicht, sondern zornig, aufbrausend und trotzig. Die Ansprache der gescheiterten Beziehung zu Evelyn bringt das Fass zum Überlaufen.
Immerhin: Das Ende macht dem Leser Hoffnung: Darius nimmt sich vor, seinen Vater zu besuchen und auch auf der Flucht vor D-Air wendet er sich an ihn. Darius hat eine Entwicklung in Richtung Erwachsenwerden vollzogen, doch es bleibt unklar, ob die Vater-Sohn-Beziehung die Chance hat, gekittet zu werden.

**Verantwortung übernehmen heißt Entscheidungen treffen**

Darius übernimmt mit seinem ersten Job eine sehr große Verantwortung. Die Arbeit als Drohnenpilot verlangt selbst erfahrenen Angestellten einiges ab. Bei der Erfüllung der Aufträge ist es oberste Priorität, mit viel Souveränität sowie Wachsamkeit zu fliegen und schnell zu handeln, ohne dabei die Vorgänge beziehungsweise die Anweisungen von oben zu hinterfragen. Für Darius entwickelt sich alles sehr schnell, er unterschreibt den Arbeitsvertrag, ohne lange zu überlegen, und dazu lastet der Druck auf seinen Schultern, in einer Welt, in der man nur durch gute Kontakte zu einem Job kommt, Geld zu verdienen für eine gemeinsame Zukunft mit Evelyn. Die Verschwiegenheitsklausel erschwert die Situation zusätzlich. Bei diesen anspruchsvollen und oftmals belastenden Aufträgen wäre es wichtig, sich mit jemandem darüber auszutauschen, da man so Frustration, Zweifel oder Ängste abbauen beziehungsweise verarbeiten könnte.

Hinzu kommt, dass die Aufgaben durch ihre Bedeutsamkeit für die Gesellschaft, wie Herr Spiess gerne betont, schon vom Grundsatz her eine große Verantwortung mit sich bringen. Zu den Aufträgen zählen immerhin Spionageeinsätze, Zerstörung und auch Tötung. Wenn etwas schiefgeht, können die Folgen äußerst drastisch sein – und die Schuld läge in diesem Fall bei Darius.

Diese immense Verantwortung macht eine ganze Reihe von Entscheidungen erforderlich. Darius sieht sich mit Fragen konfrontiert wie: Mache ich den Job? Bin ich dem gewachsen? Welche Kompromisse bin ich bereit, einzugehen? Will ich das *wirklich*? Kann ich dieses Handeln vertreten? Er entscheidet sich ohne weitere Recherche für den Job und er fragt sich erst spät, ob er sich selbst diese Einsätze eigentlich zutraut. Er hinterfragt immer wieder, ob nicht auch Menschen bei seinen Flügen umkommen, sieht jedoch gleichsam immer wieder über sein ungutes Bauchgefühl hinweg, schluckt seine Zweifel herunter und rechtfertigt sein Handeln für D-Air noch vor anderen. Das Bewusstsein für die Folgen seines Handelns kommt ihm erst bei seinem letzten Einsatz als Drohnenpilot. Hier protestiert sein Moralgefühl gegen das Töten und er entscheidet, dass er solche Einsätze nicht ausführen möchte, da er sie nicht verantworten will und kann.

Bei all den Schwierigkeiten, die der Job also mit sich bringt, stellt sich die Frage, ob diese Verantwortung für Darius von Anfang an nicht zu groß ist. Mit seinem jungen Alter, der fehlenden beruflichen Erfahrung in Kombination mit dem hohen Anspruch der Aufgabenbereiche und dem fehlenden Rückhalt von Freunden und Familie sind schon die grundsätzlichen Voraussetzungen nicht optimal.

Aber je mehr Zeit vergeht, desto klarer werden ihm die Schattenseiten der Arbeit als Drohnenpilot und desto eher durchschaut er die Machenschaften von D-Air. So weicht sein anfängliches Vertrauen in Herrn Spiess, er setzt die Tabletten gegen die Halluzinationen ab und entscheidet sich in der Minute, in der ihm klar wird, dass er töten soll, gegen diese Arbeit. Am Ende, nach diesem Lernprozess, steht er zu sich; er hat eine Entwicklung vollzogen und trägt die Verantwortung für sich und sein Handeln ohne Fremdbestimmung. Alternativ hätte er den letzten Einsatz zur Tötung des Terroristen auch damit rechtfertigen können, dass letztlich ausschließlich die Autorität die volle Verantwortung für alle moralischen Entscheidungen fällt, und dass er lediglich als ausführendes Organ fungiert – so lebt es sein Chef ihm schließlich vor und so hat er zu Beginn seiner Tätigkeit selbst noch ebendiese Meinung Evelyn gegenüber vertreten. (vgl. S. 126, Z. 31–S. 127, Z. 3)

**Autorität – Ansehen – Macht**

Die ‚Autorität' besitzt im Allgemeinen derjenige, der mit seinem hohen Ansehen einen immensen Einfluss auf andere hat. So passt es dazu, dass Thorsten Nesch die oberste Instanz der Flüge von D-Air als „Die Autorität" bezeichnet. Im Roman ist sie es, die den Drohnenpiloten über Lautsprecher Befehle und Anweisungen gibt; sie selbst führt die Aufträge nicht aus. Sie versorgt die Piloten nach Notwendigkeit mit zusätzlichen Informationen und schickt im Notfall auch Verstärkung.

Darüber hinaus ist sie den Angestellten übergeordnet, wie Herr Spiess seinem Schützling gleich zu Beginn klarmacht: „»Wir sind nur die Piloten. [...] Wir wissen, was die Autorität uns wissen lässt.«" (S. 70, Z. 17–19). Damit einhergeht, dass die oberste Instanz immer recht hat (vgl. S. 201, Z. 30) und jegliches Hinterfragen nicht erwünscht ist. Die Angestellten sollen die Verantwortung für ihr Handeln ganz bewusst in die Hände der Autorität legen, um sich selbst davon freizumachen. Hier besteht keinerlei Raum für Bedenken oder Zweifel, es wird nicht diskutiert, geschweige denn Hintergründe erläutert oder transparent gemacht. Entsprechend sind auch die Anweisungen knapp gehalten und überwiegend unpersönlich. Es soll hier für beide Parteien einzig und allein darum gehen, den Job ordnungsgemäß auszuführen. Darius kennt die Person(en), die hinter der Autorität steht beziehungsweise stehen nicht, er hat kein Bild derjenigen vor Augen, die ihm den Weg vorgeben. Dazu passt, dass die Piloten in der Regel auch nicht mit dem Namen direkt angesprochen werden. Die Ausnahme bildet hier die Situation unmittelbar nachdem Darius die U-Boot-Werft gefunden hat – hier lässt die Autorität einmalig positive Emotionen in Form eines Lobes erkennen. (vgl. S. 173, Z. 10 f.) Davon abgesehen fehlt jede Spur von Mitgefühl oder Skrupel. Bei Darius' letztem Einsatz für D-Air beispielsweise reagiert die Autorität unberührt auf Herrn Spiess' Nachfrage, ob ein Kind vor das Haus gelaufen sei. (vgl. S. 201, Z. 14 f.)

Darius akzeptiert die Autorität zunächst unvoreingenommen, er kennt sie bereits aus dem Computerspiel *Raid*. Im Laufe seiner Entwicklung beginnt er, sich gegen ihre Vorgaben aufzulehnen und sie anzuzweifeln. Von zu Hause aus kennt Darius zumindest seit dem Tod seiner Mutter autoritäres Verhalten in diesem Sinne nicht, außerdem ist es sein erster Job, so fügt er sich zunächst. Grundsätzlich ist es ja auch logisch, dass jemand von oben Befehle gibt und alle Einsätze entsprechend überwacht – ein wenig Ehrfurcht gehört dazu. So gehorcht er anfangs und in der Situation mit dem Piratenschiff zeigt er sich hauptsächlich aus Unsicherheit zögerlich, weniger aufgrund etwaiger Zweifel an der Autorität. Herr Spiess fungiert hier immer wieder als Fürsprecher und Motivator, wodurch Darius am Ball bleibt und die Befehle weiterhin ausführt. Immer wieder wird seine Einstellung zur Autorität manipuliert, indem er für seine Arbeit hier und da gelobt wird oder er Extras wie die Wohnung finanziert bekommt. All dies führt zur vorübergehenden Akzeptanz der Aufträge, nichtsdestotrotz hat Darius seinen eigenen Kopf und so bittet er bei einem weiteren Einsatz die Autorität darum, vom Kurs abweichen zu dürfen, als er etwas Ungewöhnliches sieht. Mit zunehmender Sicherheit und Routine entwickelt er also den Mut, sich nicht nur blindlings führen zu lassen, sondern aktiv mitzudenken.

Bei seinem letzten Einsatz als Drohnenpilot zerbricht Darius' Vertrauen in die Autorität endgültig. Als er sich der Mission widersetzt und um Abbruch bittet, die Autorität dies jedoch nur mit einem kurzen „»Negativ.«" (S. 200, Z. 22) abblockt und sie vorgibt, statt eines Kindes wäre ein Huhn vor dem Haus gewesen, verliert Darius endgültig das Vertrauen in die oberste Instanz, was er Herrn Spiess auch deutlich zu verstehen gibt. (vgl. S. 201, Z. 26 f.)

## Ethische Aspekte

### Überwachung und Kontrolle

Ein Arbeitsblatt zum **Thema »Drohnen«** ist im kostenpflichtigen Materialien-Paket (CD oder Download) enthalten, erhältlich unter **www.krapp-gutknecht.de**

Dass Drohnen genutzt werden, um Menschen zu überwachen und zu kontrollieren, ist längst nicht mehr nur reine Fiktion.[6] Im Jahr 2020 etwa werden sie in Deutschland zur Einhaltung der Corona-Maßnahmen eingesetzt. Bei ihren Aufträgen holen sie schnell und zuverlässig Informationen ein, außerdem fordern sie aktiv beispielsweise Passanten dazu auf, die Straße zu verlassen. Sie erweisen sich im Allgemeinen so als nützliche Helfer im Kampf gegen die Pandemie. Auch die Polizei nutzt sie für Verfolgungen, die hierdurch weitaus ungefährlicher vonstattengehen, da vor Ort weniger Menschen involviert sind.

In Neschs *Drohnenpilot* kreisen die kleinen Überwachungsmaschinen über dem Schwanenteich; außerhalb des Romans tun sie dasselbe in Frankreich über bestimmten Regionen, um durch Lautsprecher Aufforderungen zur Einhaltung der Ausgangsbeschränkungen zu erteilen. Nun könnte man sagen: Solange ich nichts zu verbergen habe, macht mir das doch nichts aus, mich stört die Überwachung entsprechend nicht. Diese Einstellung würde wohl Herr Spiess auch vertreten, der in puncto Drohnen der Frage nach der moralischen Vertretbarkeit solcher Einsätze absolut keinen Raum gibt. Menschen, die privat Drohnen fliegen, loben den großen Nutzen für hervorragende Fotos sowie den sehr hohen Spaßfaktor.

Bei vielen Menschen – wie auch bei Evelyn im Roman – kommt jedoch keine Art von Drohnenflügen gut an: Das Argument der Verletzung der menschlichen Privatsphäre ist nicht für jedermann einzig damit zu entkräften, dass Drohnenbilder für äußerst bedeutsame Zwecke geschossen werden oder dass sie auf vielfältige Art und Weise für Sicherheit und Ordnung sorgen.

Evelyn verkörpert in Neschs Jugendroman all diejenigen, die durch jede Form von Drohneneinsätzen schlichtweg beunruhigt sind oder Angst empfinden – vor allem durch ihre Einsätze als Tötungsmaschinen. Darius' Freundin hinterfragt das ganze System hinter den Drohnenflügen. Sie glaubt im Gegensatz zu Darius kein Wort seiner Vorgesetzten, immerhin hat sie am Schwanenteich erlebt, wie brutal die Angriffe derselbigen sein können. (vgl. S. 74, Z. 33 ff.)

### Gleiches mit Gleichem vergelten – Töten für einen „guten" Zweck?

Ist es ethisch-moralisch vertretbar und gerechtfertigt, einen Terroristen mit einer Drohne zu töten? Darius wird von Herrn Spiess bei seinem letzten Einsatz mit genau dieser Frage konfrontiert. Er versucht, Darius von seiner Meinung zu überzeugen, indem er nochmals betont, dass dieser Terrorist zahlreiche Menschen getötet hat und vor allem, dass er weiter morden wird. (vgl. S. 194, Z. 31–33) Für Herrn Spiess ist der Einsatz ein „humanchirurgischer Eingriff" (S. 195, Z. 26) im Sinne der Menschlichkeit.

Was hierbei für die Verwendung von Drohnen sprechen könnte, wäre das Argument, dass das Mittel zumindest deshalb so gut geeignet ist, da hierdurch zumindest für denjenigen ein geringeres Risiko besteht, der sich geschützt im Cockpit fernab des Einsatzortes befindet. Dazu besticht ein solcher Einsatz mit seiner vergleichsweise hohen Zuverlässigkeit.

Für Darius steht nach seinen Erfahrungen als Drohnenpilot jedoch fest: Er möchte niemanden töten, und sei es ein Terrorist. (vgl. S. 194, Z. 29 f.) Im Verlauf seines letzten Einsatzes äußert er mehrfach seine Unsicherheit, die wohl auch darauf beruht, dass auch in seinem Kopf die Überzeugung vorherrscht, dass Terroristen das Handwerk gelegt werden muss – die Frage bleibt, ob dies auf diesem Weg mit diesem Mittel erfolgen muss und soll. Fakt ist, dass die Drohne dem Terroristen keine Chance bietet, sich zu ergeben; diese Ungerechtigkeit kann Darius nicht gutheißen. (vgl. S. 198, Z. 22 ff.)

Ebenso stellt sich die Frage der Legitimität des Tötens aus der Ferne daher, da der Gegner – in Darius' Fall der Terrorist – für ihn selbst durch die Distanz keine greifbare Gefahr für sein eigenes Leben darstellt.

Evelyns Worte hatten einen immensen Einfluss auf Darius' Entscheidung, den Terroristen nicht zu töten. Sie hat das Problem schon früh erkannt: „Deine Hemmschwelle wird gesenkt, ohne dass du es

6 Eine differenzierte Auseinandersetzung mit dem Thema Drohnen, ihrer technischen Entwicklung und die Folgen ihres Einsatzes in Krisengebieten der Erde findet man in der Publikation *Drohnen. Chancen und Gefahren einer neuen Technik* (2016) von Kai Biermann und Thomas Wiegold, veröffentlicht von der Bundeszentrale für politische Bildung (bpb).

merkst, Woche für Woche." (S. 125, Z. 18 f.) Sie möchte Darius verdeutlichen, dass der Drohneneinsatz jemanden viel eher zum Töten bringt, da der Pilot isoliert und geschützt ist, was nicht vergleichbar ist mit einem Einsatz vor Ort; es fühlt sich weniger real an. (vgl. S. 127, Z. 27–35) Es macht einen bedeutenden Unterschied, ob man jemanden im Kampf um Leben und Tod ermordet, oder dessen Leben per Knopfdruck auslöscht.

Interessanterweise stellt Darius dies schon kurz nach seinem ersten richtigen Einsatz selbst fest, als er sieht, welches Schlachtfeld die Crowd Control hinterlassen hat und ihm die Brutalität dieses Auftrages bewusst wird. Die nachfolgenden Gedanken, die ihm durch den Kopf gehen, verdeutlichen, dass Evelyn mit jedem Wort recht hatte; die Einsätze senken die Hemmschwelle, und das nicht ausschließlich zum Töten, sondern auch bezüglich Eingriffen in die Privatsphäre oder Einschüchterungsmaßnahmen: „Im Cockpit hatte sich das vorhin alles nicht so wild angefühlt. Die Demonstranten wurden ein bisschen verschreckt, das war doch alles gewesen." (S. 74, Z. 22–24)

Hinzu kommt, dass jederzeit Unschuldige zu Schaden kommen können; auch das macht Darius' Freundin ihm in einem ihrer Streitgespräche klar. (vgl. S. 126, Z. 26–28) Diese Bedenken hatte er zuvor schon selbst, jedoch wurden sie von Herrn Spiess direkt im Keim erstickt: „Wir haben etwas Gutes getan. Du hast etwas Gutes getan. Wir tun Gutes. Du bist einer der Guten, Darius, einer der Guten." (S. 88, Z. 13 f.) Dieses Mantra überzeugt den noch unerfahrenen jungen Drohnenpiloten zunächst. Zum Ende der Romanhandlung hin wird ihm dieser Irrtum jedoch schmerzlich bewusst, als das Kind vor das Haus läuft, in dem der Terrorist sich befindet und ebendieses als unschuldiges Opfer getötet wird. (vgl. S. 202 f.)

**Lügen für den „guten" Zweck – Darf ich (not)lügen?**

In Neschs *Drohnenpilot* bereitet die Verschwiegenheitsklausel von D-Air Darius Probleme, insbesondere was Evelyn betrifft. Zunächst verheimlicht er ihr seine Beteiligung am Schwanenteich-Auftrag und das nicht ohne Schuldgefühle. Interessant ist, dass nach den Vorgaben der Firma die Tatsache, dass Evelyn seine Tat nicht entschuldigen würde, hier der Hauptbeweggrund für ihn ist. (vgl. S. 74, Z. 12–18)

Auch im weiteren Verlauf wird deutlich, dass Darius mit sich ringt, wenn es darum geht, seine Freundin anzulügen. Alles in ihm wehrt sich dagegen, außerdem ist er schlichtweg nicht gut darin, ihr souverän Dinge zu sagen, die sie vermeintlich lieber hören würde. (vgl. S. 91, Z. 28 – S. 92, Z. 3) Die Tatsache, dass sie von vorneherein sehr misstrauisch und skeptisch auftritt, verschlimmert dies wohl zusätzlich und erhöht den Druck. Auch hier ist seine Intention simpel: In erster Linie möchte er nicht mit Evelyn streiten. Zudem weiß er vermutlich selbst, dass sie recht hat mit ihren Bedenken und er ihr nur sehr wenig entgegenhalten könnte. So versucht er, das Konfliktpotenzial mit seiner Lüge möglichst gering zu halten.

Als er Kira wegen der vermeintlichen Pfefferminzbonbons belügt (vgl. S. 179, Z. 33 – S. 180 Z. 3), sind seine Intentionen dagegen andere: Zunächst möchte er keine Schwierigkeiten mit der Firma provozieren. Außerdem würde er mit der Wahrheit zugeben müssen, dass seine Arbeit als Drohnenpilot bedenkliche Nebeneffekte hat. Zu guter Letzt würde er wohl vermeiden wollen, Kira unbewusst dieses Medikament einzuflößen.

Zum Ende des Romans geht es um Offenheit sich selbst gegenüber: „Ich wünschte, ich könnte mir etwas vormachen, aber wenn ich mir nicht in meine eigene Tasche lügen wollte, musste ich in den Spiegel gucken und zugeben, dass ich sie immer noch liebte. Kira ließ sie vergessen." (S. 184, Z. 3–6). Auch, wenn es leichter für Darius wäre, seine Gefühle für Evelyn zu verdrängen und sich so selbst zu belügen, entscheidet er sich letzten Endes doch dazu, zu sich und seinen Gefühlen zu stehen.

Sicherlich: Wir alle haben in unserem Leben bereits gelogen oder wenigstens ein wenig geschwindelt. So „gut", nachvollziehbar oder auch nützlich die Lüge auch sein mag, die Frage nach der (moralischen) Vertretbarkeit steht grundsätzlich im Raum. Der Philosoph Immanuel Kant hätte eine klare Antwort: Unabhängig von der Intuition oder den Umständen ist keine Unwahrheit zu rechtfertigen. Da wir uns auch selbst nicht wünschen würden, von unseren Mitmenschen belogen zu werden, leuchtet dies im Allgemeinen natürlich ein. Aber kleine Notlügen sind doch nicht verwerflich?, könnte man fragen; Die Lüge rund um das ‚Erasonal' ist in meinem Fall doch nicht mal der Rede wert!, könnte Darius protestieren. Kant würde ihm entgegensetzen, dass schon diese Aussage aufzeigt, dass er die Wahrheit nicht als eine Pflicht an sich selbst ansieht. Es geht ihm auch nicht darum, zu unterscheiden zwischen Menschen, die einem nichts bedeuten und Menschen, die man aus Liebe nicht anlügen möchte – beispielsweise um sie zu schützen oder wie in Darius' Fall Streit oder Zerwürfnis zu vermeiden.

Doch wie hätte sich die komplette Wahrheit wohl auf den Handlungsverlauf ausgewirkt? Betrachten wir die bedeutsamste Lüge, die Darius seiner Freundin auftischt, etwas genauer: Wäre Darius Evelyn gegenüber von Anfang an ehrlich gewesen, hätte sich alles in eine andere Richtung entwickelt: Nach der Beichte seines Einsatzes am Schwanenteich wäre Evelyn wütend gewesen, womöglich hätten sich die Befürchtungen ihres Freundes bewahrheitet und sie hätte die Beziehung ohne Weiteres beendet. Denkbar wäre allerdings auch, dass sie zwar wütend, jedoch auch dankbar für seine Ehrlichkeit gewesen wäre und sie Darius direkt von der Unmoral seines Jobs hätte überzeugen können. Letztendlich bewegt erst Evelyns Erkenntnis in Kapitel 6 (S. 129, Z. 33–S. 130, Z. 15) – nämlich die Tatsache, dass er am Angriff auf die Demonstranten beteiligt war – sie dazu, dass sie den Kontakt zu ihm vollends abbricht. Dies zeigt, wie viel eine Lüge zerstören kann; schon Kant hat die Folgen der Unwahrheit im Blick und Beispiele wie diese geben ihm recht. Dennoch bleibt der Zweifel: Wäre eine Welt, in der es nichts als die Wahrheit gäbe, wirklich wünschenswert?

## Adoleszenzliteratur, Postmoderne und Dystopie

Im Roman *Der Drohnenpilot* kombiniert der Autor Thorsten Nesch gekonnt die Gattung der Adoleszenzliteratur mit Elementen der Epoche der Postmoderne und des Genres der Dystopie. Daher lässt sich der Roman als Vertreter der »dystopischen Adoleszenzliteratur der Postmoderne« bezeichnen.

Zur Adoleszenzliteratur (lat. *adolescere:* heranwachsen, heranreifen), die eine Subgattung innerhalb der Jugendliteratur darstellt, gehören nach dem Metzler Lexikon Literatur literarische Texte, „in denen die physiologischen, psychologischen und soziologischen Aspekte des Heranwachsens, zumeist zwischen dem 12. und 18. Lebensjahr, thematisiert werden." (Burgdorf, Fasbender & Moenninghoff, 2007, S. 5) Im Zentrum des Adoleszenzromans, der neudeutsch auch als ‚Coming-of-Age'-Roman bezeichnet wird, stehen Krisenerfahrungen und Initiationserlebnisse einer Hauptfigur auf dem Weg zum Erwachsenwerden wie zum Beispiel Ablösung vom Elternhaus, Entwicklung eigener Moralvorstellungen und Ausbildung eines eigenen Wertesystems, Auseinandersetzung mit dem eigenen Körper, erste sexuelle Erfahrungen und Intensivierung des Aufbaus sozialer Kontakte.

Als kanonischer Text der Adoleszenzliteratur, der zum Modelltext für diese Gattung geworden ist, gilt der Briefroman *Die Leiden des jungen Werther* (1774). Das Werk des jungen, damals fünfundzwanzigjährigen Goethe ist bezeichnenderweise zur Zeit des »Sturm und Drang« – einer literarischen Strömung (ca. 1770 bis 1785) innerhalb der Epoche der Aufklärung – entstanden, die als erste große literarische Jugendbewegung in Deutschland gilt. Weitere Beispiele für zeitgenössische Adoleszenzromane sind *Die Mitte der Welt* (1998) von Andreas Steinhöfel, *Arnes Nachlaß* (1999) von Siegfried Lenz, Michael Gerard Bauers *Running MAN* (2007), Thorsten Neschs Roadmovie-Roman *Joyride Ost* (2010) und *Es war einmal Indianerland* (2011) von Nils Mohl.

> !
> *Arnes Nachlaß*
> *Running MAN*
>
> Die Romane sowie unsere Lehrer- und Schülerhefte dazu finden Sie unter **www.krapp-gutknecht.de**

Gansel (2000, S. 359 f.) spricht im Kontext der Kinder- und Jugendliteratur (KJL) von »Adoleszenz« als „allgemein jene[r] Phase, die den ‚Abschied von der Kindheit' und den Eintritt in das Erwachsenenalter bezeichnet [...]. Damit ist auch gesagt, dass die Besonderheiten dieser lebensgeschichtlichen Phase im Mit- und Gegeneinander von körperlichen, psychischen und sozialen Prozessen besteht [...]. Es geht sozusagen um die ‚Neuprogrammierung' der physiologischen, psychologischen und psychosozialen Systeme." In dieser Definition wird die Vielschichtigkeit des Begriffs »Adoleszenz« deutlich, die sich in dem breiten Spektrum der Adoleszenzliteratur widerspiegelt. Der Jugendroman *Der Drohnenpilot* lässt sich darüber hinaus nach Scheiner (2000) als narrativer Text, der von einem Jugendlichen im sozialen Kontext seines alltäglichen Lebensumfeldes handelt, der sogenannten »realistischen Kinder- und Jugendliteratur« zuordnen. Der (fast) volljährige Protagonist durchlebt viele der oben genannten Aspekte des Adoleszenzprozesses auf dem Weg zur Identitätsfindung, sei es die Bewältigung seiner familiären

Situation und der eigenen Ängste und Sorgen oder die Beschäftigung mit seinem sozialen Status und sozialer Ungleichheit, um nur einige Beispiele zu nennen. Entsprechend dieser thematischen Schwerpunkte lässt sich Neschs *Drohnenpilot* als typischer Vertreter des »Adoleszenzromans« bezeichnen. Postmoderne Züge erhält der Roman durch die Intertextualität und Intermedialität.[7] Denn in Neschs Jugendroman finden sich an einigen wenigen Stellen intertextuelle und intermediale Referenzen, die auch die literarische Qualität des Romans auszeichnen und Interpretationsspielräume eröffnen.

Hierzu gehören zum Beispiel

- die Figuren Tarik aus Thorsten Neschs Roadmovie-Roman *Joyride Ost* (2010), Evelyns Mutter Tina aus *Flirren* (2011), Evelyn aus *Die Kreuzfahrt mit der Asche meines verdammten Vaters* (2015), Sven aus *School Shooter* (2011) und *My Totem Came Calling* (2019) und Anecken aus *Unbekannt verzogen* (2014).
- der erste Satz *„Meine Freundin sagt, in Amerika habe jemand ein Mittel gegen das Gefühl von Einsamkeit erfunden."* (S. 93, Z. 28 f.) aus der Kürzestgeschichte *Tropfen* (1996) von Etgar Keret.
- die Aussage „[...] das Medium ist die Botschaft." (S. 125, Z. 6) des kanadischen Philosophen und Medientheoretikers Marshall McLuhan aus dem Jahr 1964.

Weiterhin anzuführen sind die Zitate des früheren Pressesprechers des Weißen Hauses (2011 bis 2014) Jay Carney und des Ex-Drohnenpilotes der US Air Force Brandon Bryant am Ende des Romantextes. (vgl. S. 228)

Inwieweit diese intertextuellen Bezüge bei der unterrichtlichen Besprechung des Romans Berücksichtigung finden sollen, muss die Lehrkraft vor dem Hintergrund des Lehrplans im Rahmen der didaktischen Reduktion entscheiden.

Die Dystopie (griech. *dys-*: schlecht, krankhaft; griech. *tópos*: Ort, Stelle) ist ein literarisches Subgenre der Science-Fiction. Ein dystopischer Roman ist nach dieser Definition eine Fiktion, in der ein schlechter Ort bzw. eine schlechte Welt beschrieben wird und deren Handlung in einer fernen oder weniger fernen Zukunft spielt. Der positive Gegenentwurf der Dystopie ist die Utopie (griech: *ou*: nicht, nein), die das Bild einer guten, schönen und friedseligen Zukunft zeichnet, die in der Vorstellung des Menschen zwar existiert, aber (noch) nicht real ist oder es nie werden wird („Nicht-Ort"). Erste Ansätze dystopischer Literatur finden sich zur Zeit der Industriellen Revolution bereits bei E. T. A. Hoffmann und seiner ‚schwarzromantischen Literatur'. Die Blütezeit der klassischen Dystopien von Aldous Huxley (*Schöne neue Welt;* 1932), George Orwell (*1984;* 1949) und Ray Bradbury (*Fahrenheit 451;* 1953) war im 20. Jahrhundert. Dystopiker sind als die Visionäre und Propheten ihrer Gegenwart zu verstehen.

Mit dystopischer (Jugend-)Literatur[8] soll unter anderem auf Probleme aufmerksam gemacht werden, die sich bereits in unserer Gesellschaft abzeichnen. Thorsten Nesch trifft mit seinem *Drohnenpiloten* den Zahn der Zeit, denn das Interesse an dystopischer Jugendliteratur hat in den vergangenen Jahrzehnten stark zugenommen. In diesem Zusammenhang zu nennen sind Lois Lowrys *Hüter der Erinnerung* (1994), *Die Insel der verlorenen Kinder* (2009) von Jennifer McMahon, die Romanreihe *Die Tribute von Panem* (2009, 2010, 2011) von Suzanne Collins und die Eleria-Trilogie mit den Romanen *Die Verratenen* (2012), *Die Verschworenen* (2013) und *Die Vernichteten* (2014) von Ursula Poznanski, um nur einige Beispiele zu nennen.

*!*
*Fahrenheit 451*
*Hüter der Erinnerung*

Die Romane sowie unsere Lehrer- und Schülerhefte dazu finden Sie unter **www.krapp-gutknecht.de**

An dieser Stelle sei darauf aufmerksam gemacht, dass die vier Büffelroboter, die am Ende die Wiese am Schwanenteich stürmen (vgl. S. 214 ff.), genaugenommen einen logischen Bruch im Roman darstellen. Die mit fossilem Brennstoff betriebenen Büffel (vgl. S. 215, Z. 34 f.) sind ein anachronistisches Vehikel, das technisch betrachtet nicht zu der modernen, von D-Air eingesetzten Drohnentechnologie und zum dystopischen Charakter des Romans passt. Ironischerweise spricht der Erzähler selbst von „prähistorischen Raubtiere[n]" (S. 217, Z. 26).

---

7 In dem Zeitschriftenbeitrag *Jugend- und Adoleszenzromane zwischen Moderne und Postmoderne* (1999) von Heinrich Kaulen wird sich eingehend mit dem postmodernen Jugendroman auseinandergesetzt.

8 Weitere Ausführungen zur Dystopie im Kontext der Kinder- und Jugendliteratur finden sich auf der Webseite Kinder- und Jugendmedien der Universität Duisburg Essen unter http://www.kinderundjugendmedien.de/index.php/begriffe-und-termini/594-dystopie [eingesehen am 06.07.2020]

## Interpretationsaspekte

Thorsten Neschs Roman erschien in der Erstausgabe 2015 und gehört damit zur neueren deutschsprachigen Kinder- und Jugendliteratur. Diesem dystopischen Jugendroman wurde von der Forschung und Didaktik der KJL bislang wenig Beachtung geschenkt, obgleich in ihm mit dem Einsatz von Drohnentechnologie in den Bereichen Überwachung und Sicherheit sowie dem Aktivismus junger Menschen für die Umwelt brandaktuelle Themen zur Sprache kommen.

Der Text bietet zahlreiche Anknüpfungspunkte für die Textauslegung (z.B. Lebensbedingungen, Verhalten und Handlungen der Figuren, sprachliche Gestaltung). In diesem Zusammenhang wäre beispielsweise die Auseinandersetzung mit der Vater-Sohn-Beziehung anzuführen. Der Autor macht an vielen Stellen Andeutungen zu Darius' Missmut über den Alkoholkonsum des Vaters und der Leser merkt an einigen Stellen, dass ebenso viel Unausgesprochenes zwischen den beiden bleibt. Aspekte wie Trauerbewältigung oder emotionale Distanz werden im Roman thematisiert und bieten überdies interessante Ansatzpunkte und Diskussionsansätze für Unterrichtsgespräche oder kreative Schreibaufträge sowie Potential zur szenischen Interpretation.

Die Frage nach der moralischen Vertretbarkeit von Drohneneinsätzen durchzieht den Roman wie ein roter Faden. Figuren wie Evelyn regen zum kritischen Hinterfragen an, Darius ist hin- und hergerissen, weshalb er im Wechsel von der Pro- zur Kontra-Seite springt und Herr Spiess repräsentiert diejenigen, für die der Zweck alle Mittel heiligt. In Bezug auf Herrn Spiess ist jedoch anzumerken, dass er für die Ereignisse und Folgen selbst nicht geradesteht, er gibt die Verantwortung stets an die übergeordnete Autorität – wer auch immer das sein mag – ab. Hier tun sich Anknüpfungspunkte zum fächerübergreifenden Lernen beispielsweise mit dem Ethikunterricht auf.

Auch die Rolle von Darius' Arbeitskollegin Kira bietet sich zu einer genaueren Auseinandersetzung an. Wie positioniert sie sich innerhalb der Machenschaften von D-Air? Was hat ihr kurzes Intermezzo mit Darius (für sie) zu bedeuten? Ist es rein geschäftlich und vielleicht von oben angeordnet, ist es lediglich ein Akt der Selbstbestätigung oder will sie tatsächlich mehr?

Als Auswahl an Interpretationsaspekten können auch die zuvor genannten thematischen Schwerpunkte und Motive des Romans aus der Wortwolke (siehe LH, S.18) herangezogen werden. Ferner liefert das Interview mit dem Autor (siehe LH, S.26f.) Ansätze zur Interpretation, die unter anderem als Ausgangspunkt für Unterrichtsgespräche und schriftliche Auseinandersetzungen mit dem Werk in Klassenarbeiten oder sonstigen Leistungsnachweisen dienen können. Überdies lohnt sich der Einsatz der Rezensionen im Schülerheft (siehe SH, S.66) und im Materialteil des Lehrerheftes (siehe LH, M5, S.71–74). Eine weitere Kurzrezension, die zu Übungszwecken genutzt werden kann, findet sich auf der Webseite der ‚Stiftung Lesen'.[9]

9 https://www.stiftunglesen.de/buch/2365 [eingesehen am 06.07.2020]

Lieber Herr Nesch,

bald erscheint im Verlag Krapp & Gutknecht ein neues Unterrichtsmaterial zu Ihrem Jugendroman *Der Drohnenpilot*. Anlässlich dieses Projektes möchte ich Ihnen ein paar Fragen stellen. Vorab bedanke ich mich für Ihre Bereitschaft zu diesem Interview. Wir sind schon sehr gespannt auf Ihre Antworten.

**Was hat Sie dazu bewogen, Bücher für Kinder und Jugendliche zu schreiben? Schreiben Sie auch Bücher für Erwachsene?**

Ich hatte mir tatsächlich nie vorgenommen, Jugendbücher zu schreiben. Aber da war diese Idee für einen Roman und die passte nicht richtig mit Studenten oder älteren Erwachsenen, und erst als ich mir vorstellte, was wäre, wenn das Jugendlichen passieren würde, funktionierte sie. Und so schrieb ich meinen ersten Jugendroman *Joyride Ost*. Ich hatte richtig Spaß dabei und man hat als Autor von Jugendromanen mehr Freiheiten, da man zum Beispiel zugleich literarisch und unterhaltsam schreiben kann – was im Erwachsenenbereich im deutschsprachigen Raum strenger getrennt wird. Und ja, ich schreibe auch Bücher für Erwachsene.

**Wenn ich richtig recherchiert habe, haben Sie mit den Romanen *Strandpiraten des Lebens* (2004), *Joyride Ost* (2010), *Flirren* (2011) und *Buster, König der Sunshine Coast* (2014) bislang vier Vertreter des sogenannten ‚Roadmovie-Romans' geschrieben. Was reizt Sie an diesem literarischen Genre, das ja ursprünglich aus dem Medium Film stammt?**

Haha, dazu kommen noch: *Die Kreuzfahrt mit der Asche meines verdammten Vaters* (2015) (ein Roadmovie auf dem Mittelmeer), *Johnny Burdon* (2017) (das par excellence Roadmovie quer durch Kanada) und auf Englisch *My Totem Came Calling* (2019) (in dem die Protagonistin aus Harare aufs Land reist) ... Ja, das Reisen fasziniert mich, ich liebte das Reisen, wuchs an den Herausforderungen, gestellt vom Leben außerhalb der Komfortzone des eigenen Zuhauses, und daran messe ich gerne auch meine Romancharaktere. Für mich als Autor sind es innere Reisen, rückblickend sind meine Romane vergleichbar mit Erinnerungen an ein Auslandsjahr als Student. Es dauert ja auch ungefähr ein halbes Jahr für einen Roman, wenn ich ihn beginne zu schreiben.

**Mit Ihrem 2015 erschienenen Roman *Der Drohnenpilot* haben Sie sich dem Genre ‚Science Fiction', speziell der ‚Dystopie' zugewandt und waren in gewisser Hinsicht Ihrer Zeit voraus. Darin spielen unter anderem »Überwachung« und »Sicherheit« im Zusammenhang mit Drohnentechnologie eine große Rolle. Das sind brisante und zugleich hochaktuelle Themen, gerade vor dem Hintergrund der Debatte *#DrohnenDebatte2020* in Deutschland. Warum erscheinen Ihnen diese Themen für einen Jugendroman so wichtig?**

Nun, die Themen Sicherheit und Überwachung sind jetzt schon von Bedeutung und werden in Zukunft sicherlich weiter an Bedeutung gewinnen. Dabei sind Drohnen ein sehr greifbares Beispiel für Jugendliche, aber das Ganze lässt sich auch auf gesammelte Daten beim Onlineshoppen, Browsen und ... E-mailen übertragen. Stichwort Big Data. Die Frage nach der Verantwortung im Hinblick auf die eigene Rolle im Rahmen einer möglichen Karriere auf dem Gebiet Drohnen muss jede Leserin und jeder Leser für sich beantworten. Aber auch die Frage nach der Verantwortung im Umgang mit Informationen zur eigenen Person rund um das Privatleben muss sich jeder Heranwachsende unweigerlich stellen.

**Woher stammt die Idee zu Ihrem dystopischen Roman *Der Drohnenpilot*?**

Die Idee reicht zurück nach Luzern in der Schweiz, als ich dort 2013 eingeladen war, um an Schulen zu lesen. Am Nachmittag hatte ich die Stille des Vierwaldstättersees genossen – bis eine Drohne zwanzig Meter über der Promenade brummte. Die erste Drohne, die ich je gesehen hatte, aber nicht den Piloten, und so ging es den anderen Menschen um mich auch, sie blieben stehen, starrten hoch, und wir schauten uns suchend um nach einem Piloten oder einem möglichen Beobachtungsziel. Vergeblich. Und die Drohne beobachtete ... uns? Wen? Ein seltsames, nie zuvor erfahrenes Gefühl. Nach fünf Minuten verschwand die Drohne – aber nicht aus meinem Gedächtnis. Es war ein komisches Gefühl, das war nicht richtig, wichtig genug für eine Geschichte. Auf der Heimreise im Zug wachträumte ich aus dem Fenster über die vorbeiziehende Landschaft, und mir fiel der verworfene Gedanke für einen früheren Roman ein: Was wäre, wenn ein Onlinegame als Ausbildungswerkzeug benutzt werden würde, hier für zukünftige Drohnenpiloten. Die Idee passte, und ich wusste, diese Geschichte musste ich schreiben. Zunächst hatte ich den Roman in der Zukunft, in einer ferneren Zukunft, angesiedelt. Ein Irrtum. Je mehr ich recherchierte, desto näher rückte die Geschichte an unsere Gegenwart. Zu dem Zeitpunkt gab es auch noch keinen Roman zu dem Thema, und für Erwachsene konnte ich den nicht schreiben, dafür ist der Roman zu literarisch und zu unterhaltsam.

**Sie scheinen Gefallen daran zu finden, in Ihren Büchern intertextuelle Bezüge zu Ihren eigenen Werken herzustellen, so tauchen zum Beispiel einige Figuren wie Tarik, Evelyn und Sven aus anderen Ihrer Romane im *Drohnenpiloten* auf. Es wird aber auch der erste Satz aus der Kürzestgeschichte *Tropfen* (1996) von Etgar Keret zitiert. Warum war es Ihnen dieser Satz wert, ihn in Ihren Roman einfließen zu lassen?**

Das Zitat aus *Tropfen* ... Zum einen erweckt es für mich eine Sehnsucht, die wir alle kennen, etwas Universales, vielleicht auch Tiefenpsychologisches, Unbewusstes, zeitlos in seiner Bedeutung. Das war der Grund, warum ich es in dem Kurzgeschichtenband von Etgar Keret angestrichen hatte. Ja, ich male in gute Bücher, schreibe hinein, streiche Sätze, Bilder etc. an. Und dies ist eine großartige Kurzgeschichtensammlung, eine der besten, die ich gelesen habe. Von daher fiel mir die Wahl dann leicht, und es ist auch ein Fingerzeig für eine neue Lesegeneration, wie man – oder ich früher – gute Literatur entdeckte: über Erwähnungen in anderen Romanen. So habe ich quasi meinen literarischen Weg verfolgt – es gab ja kein Internet. Zum anderen passt dieser Satz von Etgar Keret speziell zu Darius' Lebenssituation im Roman.

**Ihr Roman wird auch als Lektüre im Deutschunterricht gelesen. Hätten Sie sich das je träumen lassen? Was erscheint Ihnen Ihrer Ansicht nach wichtig für die Behandlung des Romans im Unterricht?**

Nein. Niemals. Der Roman hat ja mehrere Ebenen, die Zwischenmenschliche mit Evelyn, sein Zuhause, die Zukunft mit Grundeinkommen und Drohnen und eben seine Karriere, in die er von A bis Z hineinmanipuliert wird. Aber – und das war mir wichtig – sein Handeln ist absolut nachvollziehbar, bis zu einem gewissen Punkt eben, und den Punkt muss jeder irgendwann für sich selbst beantworten, in einer Karriere oder im Privatleben: Wann kann ich mein Handeln nicht mehr verantworten? Da kommt jeder einmal hin. Mehr oder weniger.

**Aus meiner Erfahrung als Deutschlehrer kann ich Ihnen sagen, dass der Roman so endet, wie es viele junge Leser nicht mögen, offen. Der Leser bleibt mit vielen Fragen zurück. Warum haben Sie gerade dieses Ende gewählt und wäre ein anderes Ende für Sie denkbar gewesen?**

Das hängt mir bei allen Romanen nach. Wenn die innere Reise zu Ende ist – mit Darius' schlussendlicher Entscheidung – hat seine Geschichte für mich geendet. Sorry, irgendwie keine Absicht, es ergibt sich dann so. Mir hat einmal jemand gesagt, in der japanischen Erzähltradition gebe es das, aber ich wusste darum nicht. Es ist kein erzähltechnisches Mittel für mich, es ergibt sich organisch. Bei mir reitet niemand in den Sonnenuntergang.

**Haben Sie jemals mit dem Gedanken gespielt, eine Fortsetzung zu schreiben?**

Jein. Natürlich reizt mich das, dafür liebe ich meine Figuren zu sehr. Zurzeit arbeite ich an einer Art Fortsetzung, die zwar nicht direkt an den Roman anschließt, aber den Faden zeitlich später wieder aufnimmt.

**Welches Buch eines anderen deutschsprachigen Autors hätten Sie gerne selbst geschrieben und warum?**

*Momo* von Michael Ende. Graue Männer in Anzügen, die den Menschen die Zeit stehlen ... großartig. Allein wegen der Idee.

**Danke für Ihre Offenheit und die Zeit, die Sie sich für dieses Interview genommen haben.**

Danke für diese wunderbaren Fragen, die mich auch wieder haben reisen, lächeln und kopfschütteln lassen!

Thorsten Utter im Gespräch mit dem Schriftsteller Thorsten Nesch über sein Jugendbuch *Der Drohnenpilot*

Merzig (D)/Lethbridge (CA), den 10.07.2020

Das Autoreninterview musste aus Platzgründen leicht gekürzt werden. Das vollständige Interview mit allen Fragen und Antworten finden Sie im Downloadbereich zum Lehrerheft.

## Die Begleitmaterialien im Downloadbereich zum Lehrerheft

In der Cloud des Krapp & Gutknecht Verlages werden Ihnen zahlreiche Arbeitsmaterialien und Lösungen zu diesem Unterrichtsmaterial zur Verfügung gestellt, damit Sie diese bequem ausdrucken, vervielfältigen oder digital projizieren können. Im Downloadbereich für Lehrkräfte sind abgelegt:

- Lesezeichen (SH, S. 3)
- Kapitelzusammenfassungen zum Roman (SH, S. 13)
- Fragen an den Autor – Ein Interview mit Thorsten Nesch (LH, S. 26 f.)
- Lösungen zu ausgewählten Aufgaben des Schülerarbeitsheftes (LH, S. 29–59)
- Kopiervorlagen aus dem Materialteil des Lehrerheftes (LH, S. 63–76)
- Lösungshinweise zu ausgewählten Materialien des Lehrerheftes (LH, S. 63–76)
- Klassenarbeitsvorschlag und Erwartungshorizont (LH, S. 77–80)
- Inhaltsübersicht zum kostenpflichtigen Materialpaket

## Wie funktioniert der Downloadbereich?

**1** Scannen Sie den QR-Code, um direkt zum Downloadbereich zu gelangen.

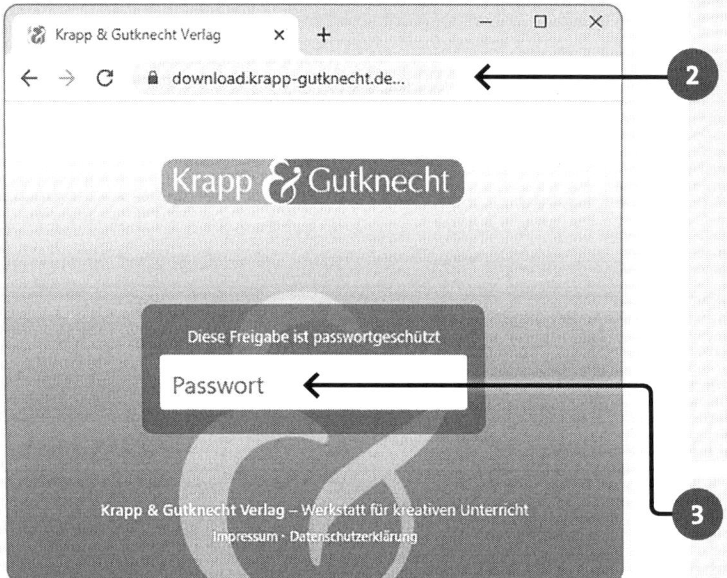


**2** Oder geben Sie folgende **Adresse** in das Adressfeld Ihres Browsers ein:

**kugverlag.de/drohnendownload**

**Achtung!** Geben Sie den Link nicht über eine Suchmaschine wie z. B. *Bing* oder *Google* ein.
Sollte der Kurzlink nicht funktionieren können Sie alternativ folgenden Link nutzen:
https://download.krapp-gutknecht.de/index.php/s/7NwCa9CbApZrJcH

**3** Das ist Ihr **Passwort**:

**DROHNEN!DOWNLOADLH**

**Achtung!** Achten Sie bei der Eingabe auf Groß- und Kleinschreibung. Auch das Ausrufezeichen zählt zum Passwort!

**4** Klicken Sie auf diesen Button und der Gesamtinhalt wird auf Ihrem Gerät im Ordner *Downloads* abgespeichert.

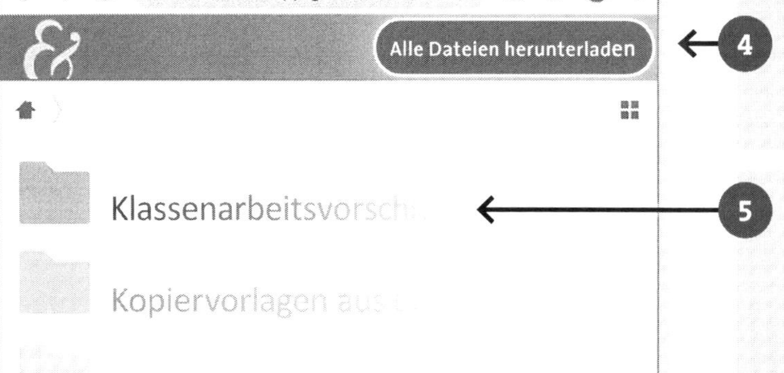

**5** **Alternativ:**
Sie können die Dateien/Ordner auch einzeln in dieser Liste herunterladen.

Wir empfehlen Ihnen, den gesamten Inhalt auf der Festplatte zu speichern, so haben Sie auch offline alle Begleitmaterialien stets zur Verfügung.

## Hinweise zum Umgang mit diesem Lösungsteil

Der nachfolgende Lösungsteil zum Schülerarbeitsheft ist ausdrücklich als Angebot zu verstehen. Viele der Lösungen stellen lediglich Lösungs- bzw. Formulierungsvorschläge dar, in denen Aspekte der Lösung präsentiert werden, und sollen nicht als einzig richtige Musterlösungen der Aufgaben angesehen werden. Abweichende Schülerlösungen sind ausdrücklich zu begrüßen und sind zu akzeptieren, sofern sie nachvollziehbar und begründet sind. Dies im Einzelfall zu überprüfen, obliegt der Lehrkraft. Es besteht weiterhin nicht der Anspruch, alle möglichen Lösungsvarianten (z.B. bei den angeführten Textbelegen) vollständig anzugeben. Der Lösungsteil zum Schülerarbeitsheft soll Lösungshinweise und -möglichkeiten anbieten, die auch Ausgangspunkt für weitere Unterrichtsgespräche sein können.

## II. Annäherung an die Lektüre

→ SH S. 4 f.

**➲ Aufgabe 1**

a) *individuelle Schülerlösung*

b) *Lösungsmöglichkeit:*

| | |
|---|---|
| **Was ist alles auf dem Cover abgebildet?** | • ein mit digitalen Störungen und Artefakten verzerrtes Auge (‚Glitch-Effekt') in Frontalansicht mit langen schwarzen Wimpern und schwarzer Augenbraue<br>• eine stilisierte Stechmücke/Mosquito<br>• Zahlen 0 und 1 als Hinweis auf den Binärcode der Computersprache<br>• Leiterplatte/Platine eines Computerchips im unteren Teil des Covers |
| **Wie ist das Cover aufgebaut?** | • Ausschnitt eines Gesichtes im Zentrum des Covers<br>• auf dem unteren Teil des Covers Angabe des Autornamens, Romantitels und Verlags, abgetrennt mit einer feinen weißen Linie |
| **Wie ist die Farbgestaltung des Covers?** | • Iris ist hellblau mit dunkelblauer Umrandung<br>• rund ums Auge: lila, weiß, rosa, grün<br>• weiße Zahlen<br>• schwarze Wimpern, schwarzes Insekt |
| **Welche Stimmung wird durch die Gestaltung des Covers erzeugt?** | • ernste, beunruhigende Stimmung<br>• Auge ist sehr hell, kühles Blau wirkt unnahbar<br>• Unruhe durch die Zahlen und den Glitch-Effekt, der das Cover im Bildverlauf von unten nach oben unscharf werden lässt |

c) Der Klappentext gibt vor:

- zu Darius:
  - zockt, kein Job, Angebot als Drohnenpilot zu arbeiten, klingt verlockend
  - erkennt den Unterschied: realer Einsatz vs. Spiel
  - Freundin Evelyn ist gegen den Job
  - zieht die Notbremse/schmeißt hin; wird selbst zum Gejagten
- zu Themenfeldern: Überwachung, Identitätsfindung, Verantwortung, Durchsetzung politischer Ziele, Meinungsfreiheit, Arbeitslosigkeit, Umgang mit „Autorität", Dystopie

Zusammenhänge zwischen Klappentext und Cover:

- Auge des Drohnenpiloten → Überwachung
- schwarzes Insekt (Moskito) → Drohne als Gefahr

**➲ Aufgabe 2 (Wahlaufgabe)**

*individuelle Schülerlösung*

→ SH S. 6–8

# III. Inhalt und erste Deutungen

## Kapitel .01 Seite 7–21

### ➲ Aufgabe 1

a) ❶ richtig ❷ falsch ❸ richtig ❹ falsch ❺ falsch

b) *Die korrigierten Aussagen lauten:*

❷ In Darius' Spiel geht es darum, mit einer XT Missionen, beispielsweise gegen Terroristen, zu erfüllen.
❹ Evelyn stört es, dass Darius so viel zockt. Sie möchte, dass er sich aufrafft für die Zukunft.
❺ Evelyn und Darius wollen an einer Demo gegen die Einebnung des Schwanenteiches teilnehmen.

### ➲ Aufgabe 2

*Die richtige Reihenfolge der Lösungswörter im Lückentext lautet:*
17 – Vater – gepflegt – Grundeinkommen – 3 – Pflege – Zocken – 10 – Evelyn – Seniorenzentrum – Jobsuche – Talente – Device – Schwanenteich – Lieblingsort – Demo

### ➲ Aufgabe 3

*Lösungsmöglichkeit:*

- Vater und Sohn diskutieren über Darius' Verhalten – sein Vater stört sich daran, dass er so viel zockt. Er zeigt sich konsequent, indem er ihn trotz großen Protestes nicht zu Ende spielen lässt.
- Weder Darius noch sein Vater suchen aktiv nach einem Job – beide machen sich das zum Vorwurf.
- Darius registriert den heruntergekommenen Zustand seines Vaters mit Sorge, obwohl das in seinem jugendlichen Alter eigentlich nicht seine Aufgabe ist beziehungsweise nicht sein sollte.
- Die beiden sprechen nur sehr wenig miteinander.

### ➲ Aufgabe 4

b) *Erklärung:*

Zu Beginn der Rückblende wird beschrieben, dass es Darius' Mutter gesundheitlich schlecht geht und dass er mit Tränen das Haus verlässt. Er scheint, in seinem Leben ganz unten angekommen zu sein. Am liebsten würde er sich an eine der Raketen binden (vgl. S. 14, Z. 13 f.), um sich der Situation entziehen zu können. Ausgerechnet an diesem Abend in dieser schweren Zeit widerfährt ihm völlig unerwartet so etwas Schönes, er kommt mit Evelyn zusammen.

### ➲ Aufgabe 5

*individuelle Schülerlösung*
*Hinweis für die Lehrkraft:* Der Schwanenteich mit der Parkbank sollte auf dem Bild als idyllischer, romantischer, friedlicher Ort erkennbar sein.

### ➲ Aufgabe 6

b) *individuelle Schülerlösung*

*Hinweis für die Lehrkraft:* Eine nach Kapiteln gegliederte Inhaltsübersicht zum Roman befindet sich im Downloadbereich zu diesem Lehrerheft. Diese kann zur Besprechung der Leseprotokolleinträge der Schüler genutzt werden.

## Kapitel .02 Seite 22–35 → SH S. 9–13

### ➲ Aufgabe 1

a) ❶ richtig ❷ richtig ❸ falsch ❹ falsch ❺ falsch

b) *Die korrigierten Aussagen lauten:*

❸ Sven scheint Darius zufolge, auf alles eine Antwort zu haben. Er ist der Sprecher der Demonstrantengruppe.

❹ Sven meint, dass es viel sinnvoller wäre, das Device anders zu nutzen: zum Beispiel zur Vernetzung und zum Informationenaustausch.

❺ Das Kupferarmband, welches Darius trägt, gehörte einst seiner Mutter.

### ➲ Aufgabe 2

*Hinweis für die Lehrkraft:* Die Lösungswörter zu diesem Lückentext sind im Schülerarbeitsheft nicht angegeben. Nachfolgend finden Sie einen Lösungsvorschlag. Selbstverständlich dürfen die Schüler auch sinngemäß richtige Begriffe im Lückentext ergänzen.

*Lösungsmöglichkeiten:*

Raid – den Beschuss seines Ziels mit Raketen/die Aktivierung der Spearheads – Spielemacher – Jobangebot – zu arbeiten – Testspieler – Vater – genervt ist

### ➲ Aufgabe 3

*Lösungsmöglichkeiten:*

a) Gründe für Darius' Ärger über sich selbst:
- Er ärgert sich, da er Evelyn gegenüber möglichst lässig und cool wirken möchte, was ihm nicht gelingt.
- Er hat seinen Körper nicht unter Kontrolle und weiß nicht, wie er sich hinstellen soll, wohin er die Arme nehmen soll, etc.

b) Evelyns Reaktion:
- Evelyn glaubt nicht daran, dass das Angebot echt ist. Sie meint, die Firma möchte nur Darius' Informationen.
- Dann fragt sie genauer nach, was genau in den Bewerbungsunterlagen stand. Sie lacht und macht sich lustig: „»Vielleicht suchen sie einen, der ihnen den Kaffee kocht.«" (S. 28, Z. 27 f.)

c) Gründe für Evelyns Stimmungswandel:
- Auch wenn Evelyn nicht begeistert und überzeugt von dem Jobangebot ist, zeigt sie sich versöhnlich, als Darius ihr sagt, dass er nur an die Zukunft der beiden denkt und er dazu Geld verdienen möchte, um ihnen eine gemeinsame Wohnung zu ermöglichen.
- Evelyn wünscht sich schon länger, dass Darius sich in Sachen Zukunft und Job Mühe gibt. Sie erkennt hier, dass der Anfang dazu gemacht ist.

**➲ Aufgabe 4**

| | |
|---|---|
| Darius meint, dass nicht der ganze Teich zugeschüttet werden müsste, | da die Straße sowieso nur um vier Meter verbreitert werden soll. |
| Sven erklärt, dies sei aus Kostengründen nicht möglich, | weil die Straße dann so gebaut werden müsste, dass sie nicht einsackt. |
| Nachdem Sven erklärt hat, dass man sein Device dazu benutzen soll, | um mehr Leute zu erreichen, diskutiert er mit Darius über den Sinn des Zockens. |
| Sven meint, dass man sich beim Computerspielen keine eigene Meinung bilden kann, | außerdem verliert man dadurch menschliche Eigenschaften. |
| Die Firma D-Air antwortet auf Darius' Bewerbung | und schlägt ihm einen Termin zu einem Einstellungsgespräch vor. |
| Während Darius sich über seinen Vorstellungstermin freut, | zweifelt Evelyn weiterhin daran, dass das Jobangebot glaubwürdig ist. |
| Obwohl Evelyn ihrem Freund rät, sich nicht so viele Hoffnungen zu machen, | freut Darius sich auf den Termin. |

**➲ Aufgabe 5**

*Hinweis für die Lehrkraft:* Die möglichen Lösungen sind fett gedruckt. Selbstverständlich dürfen die Schüler auch eigene, sinngemäß richtige Teilsätze ergänzen.

a) *Nach dem Gespräch über Darius' Jobchancen grübelt er über Evelyns Stimmungsschwankungen,* **mit denen er nicht gut umgehen kann.**
b) *Ob alle Mädchen so sind,* **kann Darius nicht beurteilen, da ihm dazu der Vergleich fehlt.**
c) *Als Darius nach Hause kommt,* **sieht sein Vater Fußball.**
d) *Beim Anblick der Flatscreens der Nachbarn denkt Darius an* **Evelyn, die im Gegensatz zu den meisten anderen arbeiten geht.**
e) *Nachdem Darius sich aufs Bett gelegt hat, richtet er das Armband, das* **er sich als Erinnerung an seine Mutter angelegt hat.**

**➲ Aufgabe 6: Gestaltendes Schreiben – Ein innerer Monolog von Darius**

c) *individuelle Schülerlösung, in der folgende Aspekte enthalten sein können:*

**Vorgaben aus der Aufgabenstellung, die in Darius' innerem Monolog zu berücksichtigen sind:**

- Darius' Einstellungsgespräch bei D-Air
- Darius' Zukunftswünsche
- Evelyns Zweifel an der Echtheit des Jobangebotes

**Ereignisse vorher:**

- Jobangebot am Ende des Spiels *Raid*
- Treffen mit Evelyn am Schwanenteich und anschließende Diskussion mit Evelyn
- Einladung zum Einstellungsgespräch
- frostige Verabschiedung von Evelyn

**Situation beim inneren Monolog:**

Darius liegt im Bett und reflektiert die Ereignisse des Tages:

- verwirrt wegen Evelyns Reaktion (glaubt nicht an den Job, möchte doch, dass er für die Zukunft plant)
- freudig wegen des Jobangebots (Chance, Frage nach genauer Aufgabe)
- aufgeregt wegen des Gesprächs am Folgetag (Unsicherheit, in Gedanken den Ablauf durchgehen)

## Kapitel .03 Seite 36–58

→ SH S. 14 f.

### ➲ Aufgabe 1

a) ❶ falsch ❷ richtig ❸ falsch ❹ richtig ❺ falsch

b) *Die korrigierten Aussagen lauten:*

❶ Herr Spiess erklärt Darius, dass er die Ausbildung für den Job schon längst absolviert hat; *Raid* war das perfekte Trainingsprogramm.

❸ Je weniger man voneinander weiß, desto besser.

❺ Darius' Vater freut sich sehr über den Job; er möchte direkt mit seinem Sohn anstoßen.

### ➲ Aufgabe 2: Zusammenfassendes Schreiben

b) *Formulierungsmöglichkeit:*

Darius' Einstellungsgespräch findet in einem Container auf einem Parkplatz statt. Dort angekommen lernt er zunächst die junge Kira und dann seinen Chef Herrn Spiess kennen. Letzterer klärt ihn über den Job auf. Darius soll ein Drohnenpilot sein, der zu Zwecken der Aufklärung fliegt. Nachdem Herr Spiess ihm alle Fragen beantwortet hat, erbittet Darius sich etwas Bedenkzeit. Dabei kommt er mit einem anderen Piloten, Tarik, ins Gespräch. Dieser macht ihm klar, dass es keinen Grund zum Überlegen gibt, woraufhin Darius den Vertrag unterschreibt. Als Darius Evelyn am Schwanenteich trifft, erzählt er ihr von seinem Gespräch. Sie hält nicht viel von dem Beruf und macht ihm deutlich, dass sie von der Firma und der Arbeit nicht überzeugt ist. Darius' Vater dagegen ist erstaunt und er freut sich überschwänglich über den Job seines Sohnes. Auf seinen Wunsch hin stoßen die beiden auf die tollen Neuigkeiten an.

### ➲ Aufgabe 3

*Formulierungsmöglichkeit:*

Darius kann nicht glauben, dass das Jobangebot wirklich echt ist, da er davon ausgeht, Drohnenpilot könne nur jemand mit einer abgeschlossenen Ausbildung und mehr Fähigkeiten als die eines Hobbyzockers werden. Außerdem findet er die Umstände, wie beispielsweise den Container, fragwürdig.

### ➲ Aufgabe 4

*Formulierungsmöglichkeit:*

Der Job als Drohnenpilot kommt überraschend für Darius. Er dachte, er bekäme ein Jobangebot als Testspieler, was weniger Verantwortung bedeuten würde. Außerdem versteht er das Juristische nicht und er traut sich selbst so einen wichtigen Job nicht zu, vor allem ohne eine ‚klassische' Ausbildung.

### ➲ Aufgabe 5

*Formulierungsmöglichkeiten:*

- Ich bin stolz auf meinen Sohn!
- Wer hätte das gedacht? Wo er doch die meiste Zeit des Tages nur mit Zocken verbrachte.
- Vielleicht wird jetzt alles besser?
- Seine Mutter wäre so stolz auf ihn.
- Ob er sich gut machen wird in diesem Job? – Er ist doch mit sehr viel Verantwortung verbunden ...

→ SH S. 16–19

## Kapitel .04 Seite 59–76

**Aufgabe 1**

a) ❶ falsch ❷ richtig ❸ falsch ❹ falsch ❺ richtig

b) *Die korrigierten Aussagen lauten:*

❶ Darius ist glücklich und aufgeregt, er hat sich extra zwei Wecker gestellt. Er ist der Meinung, die Welt und D-Air warten auf ihn.

❸ Darius soll die Demonstranten ablenken, sodass die Crowd Control ihre Mission durchführen kann.

❹ Wegen der Verschwiegenheitsregel lügt Darius und tut, als wüsste er von nichts.

**Aufgabe 2**

*Lösungsmöglichkeiten:*

a) „»Prima, zoom mal ein auf die Clowns da.« Ich schluckte bei der Bemerkung. Die kam bei ihm von ganz tief unten, er meinte das so. Abfällig." (S. 69, Z. 15–17)

b) „Die Demonstranten schmissen sich schützend auf ihre Zelte. Staub, Kleidungsstücke, Blätter und Gras wurden in die Luft gewirbelt. Die meisten Leute rannten Schutz suchend unter die Bäume, deren Äste wie bei einem Orkan hin- und herpeitschten und auf sie niederprasselten." (S. 72, Z. 2–6)

c) „»Wenn das hier einer hört, dass du bei denen bist.« Sie guckte über die Menge. »Was heißt hier bei denen? Ich habe doch nichts getan.« Das schmerzte, das war eine richtige Lüge." (S. 74, Z. 28–31)

**Aufgabe 3**

*Hinweis für die Lehrkraft:* In dieser Aufgabe können die Schüler für beide Seiten (Pro und Kontra) argumentieren.
*individuelle Schülerlösung, in der folgende Aspekte enthalten sein können:*

**Pro:** *Ich kann Darius' Entscheidung, Evelyn nichts von seinem ersten Einsatz zu erzählen, gut nachvollziehen.*

- Sie hat sowieso eine negative Einstellung dem Job gegenüber; die Wahrheit würde sie nur darin bestärken.
- Er darf von D-Air aus keine Informationen preisgeben (Verschwiegenheitsregel).
- Sie würde ihm ohnehin nicht glauben.
- Er hatte nach so einem Tag sicher keine Lust auf weitere Diskussionen.

**Kontra:** *Ich kann Darius' Entscheidung, Evelyn nichts von seinem ersten Einsatz zu erzählen, überhaupt nicht nachvollziehen.*

- Lügen kommen am Ende immer ans Licht, dann bekommt er große Probleme.
- Evelyn ist seine Freundin, sie sollte wissen, was er tut.
- Er sollte zu seiner Tat stehen.
- Er könnte ihr auch alles in Ruhe erklären, sodass sie es versteht.

**Aufgabe 4: Gestaltendes Schreiben – Ein Tagebucheintrag von Evelyn**

b) *individuelle Schülerlösung, in der folgende Aspekte enthalten sein können:*

**Vorgaben aus der Aufgabenstellung, die in Evelyns Tagebucheintrag zu berücksichtigen sind:**

- der Drohnenangriff
- ihre Wut und die Vorwürfe Darius gegenüber
- ihre Bedenken bezüglich des Zusammenziehens
- Zweifel daran, dass Darius am Drohnenangriff nicht beteiligt war

**Situation beim Tagebucheintrag:**

- Der Drohnenangriff hat ihr große Angst gemacht. Sie beschreibt den Angriff und das entstandene Chaos. Danach leistet sie gemeinsam mit den anderen Aufbauarbeit. Währenddessen entwickelt sich eine Wut Darius gegenüber.
- Als er eintrifft, macht sie ihm Vorwürfe, da er nun ein Teil von denjenigen ist, die sie angegriffen haben. Sie hasst seinen Job und wünschte, er würde etwas Sinnvolleres arbeiten. Sie kann seine Einstellung zu den Drohnen nicht nachvollziehen, in ihren Augen verharmlost er die Arbeit mit ihnen.
- Sie hätte sich gewünscht, dass er an ihrer Seite gewesen wäre; sie beschützt hätte.
- Sie fragt sich, ob es richtig gewesen ist, Darius am Ende trotz ihrer Zweifel Hoffnungen in Bezug auf das Zusammenziehen gemacht zu haben. Immerhin glaubt sie in ihrem Inneren noch immer, dass es dafür zu früh ist.
- Sie wundert sich über Darius' Reaktion auf den Drohnenangriff und fragt sich, ob er ganz aufrichtig zu ihr gewesen ist. Vielleicht ist er ja doch beteiligt gewesen?

➲ **Aufgabe 5**

*Lösungsmöglichkeiten:*

a) Gründe für Herrn Spiess' Freude:

- Er ist sehr schadenfroh (lacht dreckig), weil er etwas gegen die Demonstranten hat; vorab bezeichnete er sie als „»Clowns«" (S. 69, Z. 15) und beschwerte sich darüber, dass sie nicht arbeiten gehen. Er freut sich, dass sie rennen müssen.
- Außerdem wurde ihr Auftrag nach den Vorstellungen der Autorität erfüllt.

b) Darius' Gefühlslage:

- Er fühlt sich einerseits bestimmt schuldig, da seine Freundin unter den Demonstranten gewesen ist.
- Andererseits ist es nun mal sein Job und seinen Auftrag muss er erfüllen, ohne ihn zu hinterfragen. Trotzdem fühlt er sich vielleicht wie ein Verräter.

## Kapitel .05 — Seite 77–96

→ SH S. 20–22

➲ **Aufgabe 1**

a) ❶ richtig ❷ falsch ❸ richtig ❹ falsch ❺ falsch

b) *Die korrigierten Aussagen lauten:*

❷ Darius fliegt bei seinem zweiten Einsatz mit einer bewaffneten Grenzschutz-Drohne über das Meer.
❹ Darius kommt erst durch Evelyns Äußerungen ins Grübeln, vielleicht hat er doch Menschen getötet durch den Einsatz.
❺ Evelyn meldet sich das ganze Wochenende nicht bei Darius und ignoriert seine beiden Nachrichten.

➲ **Aufgabe 2**

*Lösungsmöglichkeiten:*

a) Aus der Stimme von Herrn Spiess hört Darius einen Vorwurf heraus. Herr Spiess massiert sich sein Gesicht, während er mit ihm spricht und sagt, er wisse nicht einmal, wo er anfangen solle. Das zeigt, dass Darius ihn mit mehreren Taten enttäuscht hat. Dass er die Hände in die Hüften stemmt, erinnert an ein Elternteil, das seinem Kind einen Vortrag hält. Das tut Darius' Chef letztendlich auch, indem er ihm erklärt, sein Verhalten werde von der Firma nicht gerne gesehen.

b) Evelyn ist in den Augen von D-Air eine sogenannte Persona non grata, da sie als Demonstrantin zu den Verdächtigen gehört, die von D-Air überwacht werden. Dadurch, dass sie zu denjenigen gehört, die sehr häufig vor Ort sind, ist sie eine unerwünschte Person.

c) Darius' Reaktionen:
- Er wird nervös, viele Fragen gehen ihm durch den Kopf und er fragt sich immer wieder, was „Saspo" (S. 85, Z. 20; S. 86, Z. 3 f. und 21 f.) bedeuten könnte.
- Er ruft ein paar Mal nach Herrn Spiess.
- Er schwitzt stark und überlegt fieberhaft hin und her, was er tun kann.

d) Herr Spiess möchte Darius beruhigen. Er möchte erreichen, dass Darius sich über das Abschießen beziehungsweise das Töten im Allgemeinen keine Sorgen mehr macht. Dazu erklärt er ihm, dass er mit seinem Abschuss den Schwachen geholfen und eine gute Tat vollbracht hat, weswegen er einer der „»Guten«" (S. 88, Z. 14) ist.

### ➲ Aufgabe 3

*Lösungsmöglichkeiten:*

b) Evelyn findet es unmoralisch, dass Darius als Drohnenpilot bei seinen Einsätzen womöglich Menschen, vor allem Unschuldige, tötet. Das verträgt sich nicht mit ihren Vorstellungen von richtigem und falschem Handeln. Genau genommen beginnt für sie das unmoralische Handeln bereits beim heimlichen Abhören, Verfolgen und Angst machen.

c) Darius findet es wichtiger, Menschenleben zu retten, als auf die Moral zu achten. Taten wie diese rechtfertigen ihm zufolge die Arbeit als Drohnenpilot. Allerdings geht er auch davon aus, niemanden getötet zu haben, im Gegensatz zu Evelyn.

### ➲ Aufgabe 4: Zusammenfassendes Schreiben

*Die korrigierten Sätze lauten:*

- Um sein erstes Wochenende als Drohnenpilot zu feiern, geht Darius mit Evelyn zu einem Social-Reading-Event ins Kino.
- Darius erklärt ihr, dass er manches – wie beispielsweise die Lage des Arbeitsortes – nicht erzählen darf.
- Die beiden diskutieren über die moralische Vertretbarkeit dieser Arbeit – während sie findet, dass es keine unmoralischere Arbeit gebe, kontert er damit, dass er Menschenleben rettet, Flüchtlinge vor Piraten beispielsweise.
- Sie findet es schlimm, dass eventuell Menschen an Bord gewesen sind.
- Obwohl Darius ihr verspricht zu kündigen, beruhigt Evelyn sich nicht und sie verlässt den Saal.

### ➲ Aufgabe 5

| | |
|---|---|
| 6 | Auch auf seine zweite Textnachricht reagiert Evelyn nicht und so fragt Darius sich, ob sie ihn schon blockiert hat. |
| 3 | Darius' Vater zeigt sich sehr überrascht darüber, dass er schon so früh von seinem Social-Reading-Abend mit Evelyn zurückgekommen ist, wollte er doch seinen neuen Job gemeinsam mit ihr feiern. |
| 5 | Statt sein erstes Wochenende als Drohnenpilot gebührend zu feiern und zu genießen, verbringt Darius die Zeit damit, in seinem Zimmer über seine Freundin und die Beziehung zu grübeln. |
| 1 | Als Darius den Kinosaal verlässt, muss er seine Hoffnung auf eine baldige Versöhnung sofort wieder aufgeben, da von Evelyn weit und breit nichts mehr zu sehen ist. |
| 4 | Darius erzählt seinem Vater nichts von dem Streit mit Evelyn und er behauptet ihm gegenüber, er würde sein erstes freies Wochenende genießen. |
| 2 | Deshalb entscheidet er sich, Evelyn eine kurze Nachricht zu schreiben, in der er sie bittet, ihn anzurufen. |

## Kapitel .06

Seite 97–133 → SH S. 23–26

### Aufgabe 1

a) ❶ falsch ❷ richtig ❸ falsch ❹ richtig ❺ falsch

b) *Die korrigierten Aussagen lauten:*

❶ In der Straßenbahn bekommt Darius versehentlich den Kaffee einer Frau übergeschüttet, als er sich den Anweisungen des Straßenbahnfahrers widersetzt.

❸ Darius genießt die Blicke der Menschen, da er stolz darauf ist, augenscheinlich eine besondere Position in einem besonderen Unternehmen zu haben.

❺ Evelyn sagt Darius, dass sie Angst um ihn hat und dass er sich besser über den Beruf informieren sollte.

### Aufgabe 2

| | |
|---|---|
| Obwohl Darius in der Zeit nach dem Streit mit Evelyn harmlosere Aufklärungseinsätze fliegt, | lässt ihn der Gedanke an die Situation im Mittelmeer nicht los. |
| Als die Straßenbahn auf Darius' Weg zur Arbeit an einer ungewohnten Stelle hält, | wird er unruhig, da er auf keinen Fall zu spät kommen möchte. |
| Nachdem er mitbekommen hat, dass die Weiterfahrt wegen den Demonstranten unterbrochen wird, | macht Darius dem Straßenbahnfahrer Druck, damit er sie verjagt. |
| Trotz der Ermahnung, dass keiner der Fahrgäste aussteigen darf, | versucht Darius, die Tür selbst zu öffnen, um mit den Demonstranten zu reden. |
| Nachdem Darius gewaltsam wieder zu seinem Sitz befördert worden ist, | erzählt er seinem Sitznachbarn von seinen Problemen mit Evelyn. |
| Am Ende macht der Straßenbahnführer eine Durchsage, | in der er sich für die Geduld der meisten Fahrgäste bedankt. |

### Aufgabe 3: Zusammenfassendes Schreiben

*Formulierungsmöglichkeit:*

Nach seinem Nachtflug fragt Darius Herrn Spiess noch einmal nach dem Schiff, das er bei seinem letzten Auftrag abgeschossen hat. Er möchte wissen, ob es tatsächlich ein Piratenschiff gewesen ist und nicht etwa Flüchtlinge an Bord gewesen sind. Sein Chef erklärt ihm, dass vor jedem seiner Einsätze andere Mitarbeiter von D-Air die Ziele genau prüfen und freigeben; sein Job besteht lediglich in der Erfüllung des Auftrages. Herr Spiess fragt ihn danach, ob Evelyn ihm diese Ideen in den Kopf gesetzt hat, was Darius entschieden verneint.

**➲ Aufgabe 4**

a) „»Allein werde ich die Wohnung nicht halten können.« Daran hatte ich nicht gedacht. Das war mir unangenehm [...].“ (S. 111, Z. 25–28)

b) *Erklärung:* Mit dem Himmel ist Darius' Glück, sein neuer Job als Drohnenpilot, gemeint mit all den damit verbundenen Vorteilen, wie beispielsweise der luxuriösen Wohnung. Es sind für ihn sozusagen himmlische Zustände. Die Erde sind für ihn die Dinge, die ihn auf den Boden der Tatsachen zurückholen, wie beispielsweise sein Vater, der alleine in der Wohnung zurückbleibt und sich diese ohne Darius' finanzielle Unterstützung nicht leisten kann.

**➲ Aufgabe 5: Zusammenfassendes Schreiben**

*Formulierungsmöglichkeit:*

Bei seinem neuen Auftrag geht es für Darius um die Zerstörung eines Förderbandes in Fernost-Asien. Der Abschuss, der ihm bevorsteht, macht ihn nervös, doch er führt die Mission zur vollsten Zufriedenheit von Herrn Spiess aus. Nach dem Einsatz trifft Darius auf seinen Kollegen Tarik. Als Darius ihn nach den Tieren auf dem Fabrikgelände fragt, vermutet Tarik, dass er bereits unter Pilotenhallus, einer arbeitsbedingten Krankheit, leidet. Auf seinem Nachhauseweg denkt Darius an Evelyn und fasst den Plan, sie nach seinem Umzug in die neue Wohnung zu besuchen, da er sie so vermisst.

**➲ Aufgabe 6: Zusammenfassendes Schreiben**

*Formulierungsmöglichkeit:*

Evelyn wirft ihrem Freund vor, er verbreite mit der Drohne Terror. Er schiebt die Verantwortung von sich und erklärt, die Autorität bestimme alles. Nach ihrer Offenbarung, dass sie sich Sorgen um Darius macht, kommen die beiden auf den Drohneneinsatz am Schwanenteich zu sprechen. Evelyn wundert sich hier über die Informationen, die Darius preisgibt, da er diese eigentlich nicht haben kann. Aus diesem Grund lässt sie ihn stehen und geht weiter.

→ SH S. 27–29

## Kapitel .07 — Seite 134–158

**➲ Aufgabe 1**

a) ❶ falsch ❷ richtig ❸ falsch ❹ richtig ❺ richtig

b) *Die korrigierten Aussagen lauten:*

❶ Darius feiert seinen 18. Geburtstag im Club *Star Wars,* in dem er zufällig auf seine ehemaligen Mitschüler Martin und Benno trifft.

❸ Sie malen die Kindergesichter auf ihre Flachdächer, damit ihre Häuser nicht zerstört werden.

**➲ Aufgabe 2: Zusammenfassendes Schreiben**

*Formulierungsmöglichkeit:*

Sein Vater konfrontiert ihn ohne Umschweife damit, wie schlecht er aussieht. Direkt im Anschluss fragt er ihn, ob er Drogen nehme. Darius reagiert genervt und als sein Vater sich dann nach Evelyn erkundigt und ihm dabei vorwirft, dass er kaum noch im Viertel ist, verlässt Darius wutentbrannt das Haus. Am Samstagabend schaut er sich eine Comedyshow an. Diese mischt sich nach einer Weile mit den Bildern aus der Nachtschicht, die Schüsse und Kinderaugen verursachen Händezittern und Schweißausbrüche bei ihm. Auch beim Einschlafen durchlebt er die Einsätze und als er zweimal einen Knall wahrnimmt, nimmt er sich vor, mit Tarik darüber zu sprechen.

**➲ Aufgabe 3 (Wahlaufgabe): Gestaltendes Schreiben – Weiterschreiben einer Textstelle**

*individuelle Schülerlösung*

**Lösungsansatz 1:**

→ Darius schreibt Evelyn, dass er sie vermisst und gerne noch einmal mit ihr sprechen und kündigen würde, wenn das ihr Wunsch ist.

**Lösungsansatz 2:**

→ Darius schläft ein und fällt in einen unruhigen Traum: Evelyn macht ihm weiter Vorwürfe und beendet die Beziehung mit ihm; er träumt von seinen letzten Einsätzen, sieht die Demonstranten noch einmal vor den Drohnen flüchten, während er im Cockpit sitzt und wehrlos den Auftrag ausführen muss.

**➲ Aufgabe 4**

*Lösungsmöglichkeit:*

Er verändert sein Äußeres vielleicht, um eine Art Neuanfang zu machen, jetzt, wo die Beziehung mit Evelyn offenbar zu Ende ist. Womöglich möchte er sein altes Ich zurücklassen. Mit seinem neuen Job und der eigenen Wohnung hat sich jetzt vieles verändert und er möchte sich vielleicht seinem neuen Lebensstil anpassen. Bereits am Ende des sechsten Kapitels sagt er, dass er jetzt auch endlich ein wenig Glück verdient hat. (vgl. S. 133, Z. 14 f.)

**➲ Aufgabe 5**

❶ Darius soll die Tiny-Tims in den Dörfern absetzen, damit eine bestimmte Person gefunden wird. Sein Verstand wehrt sich dagegen, die Kindergesichter auf den Häusern wahrzunehmen, da er mit seinem Einsatz niemandem schaden möchte, schon gar nicht Kindern. Womöglich stellt er sich vor, dass die Eltern verzweifelt zu diesem Mittel greifen, um verschont zu bleiben.

❷ Für Darius sind die Nachtschichten sehr anstrengend. Während andere Menschen frisch in ihren Arbeitstag starten, nimmt er seine Umgebung nur verschwommen wahr und ist körperlich wie seelisch mitgenommen.

**➲ Aufgabe 6**

| | |
|---|---|
| | Darius ist beleidigt, weil sein Vater ihm sagt, wie schlecht er aussieht. |
| | Darius erkennt, dass er diesen Job nicht sein Leben lang ausüben möchte. |
| X | Darius ist nach der anstrengenden Woche müde und ausgelaugt, außerdem möchte er nicht über Evelyn sprechen. |
| | Darius' Vater hat wieder einmal zu viel Alkohol getrunken, was Darius schon länger stört und ihn nun auf die Palme bringt. |

*Begründung:* Auf den vorherigen Seiten erfährt der Leser, wie negativ sich die vielen Nachtschichten auf Darius' Gesundheitszustand auswirken. Grundsätzlich ist er also allein deshalb vermutlich schon gereizter als üblich. Als sein Vater Evelyn erwähnt, platzt ihm der Kragen.

→ SH S. 30–32

## Kapitel .08 — Seite 159–187

### ➲ Aufgabe 1

a) ❶ falsch ❷ richtig ❸ falsch ❹ falsch ❺ richtig

b) *Die korrigierten Aussagen lauten:*
❶ Tarik rät Darius, die Tabletten zu nehmen und erst hinzuschmeißen, wenn er nicht mehr kann.
❸ Darius sieht etwas Auffälliges und hat Recht: Es ist ein U-Boot/eine U-Boot-Werft.
❹ Er fährt mit ihr, weil er sie so noch länger um sich hat.

### ➲ Aufgabe 2

a) „»Gehört eben zum Job, andere ruinieren sich ihre Gesundheit in ihrem Beruf anders. Wir so. Man darf nur nicht verrückt werden.«“ (S. 161, Z. 12–14)

b) „Es war kein Stich. Metallsplitter steckten in meiner Handfläche. Ich musste ein Würgen unterdrücken. Schwindel.“ (S. 167, Z. 17–19)

c) „»Heilige Scheiße, ja!«, platzte es aus Herrn Spiess heraus und er sprang auf und schlug mir auf den Rücken, dass es weh tat.“ (S. 172, Z. 33 f.)
„»Ich könnte jemanden da unten getroffen haben.«“ (S. 173, Z. 32 f.)

### ➲ Aufgabe 3: Zusammenfassendes Schreiben

*Die richtige Reihenfolge der Handlungsschritte lautet:*

❷ Erasonal
❶ Abendessen mit Kira
❺ Situation Schwanenteich
❻ Mail von D-Air
❹ Message an Evelyn
❸ Billy's Wilder Biergarten

*Formulierungsmöglichkeit:*
Nach ihrem Feierabend gehen Darius und Kira auf ihren Vorschlag hin gemeinsam essen. Nachdem Darius Kira recht unbeholfen Komplimente gemacht hat, leidet er erneut unter Halluzinationen. So greift er wieder zum Erasonal. In *Billy's Wildem Biergarten* küssen die beiden sich leidenschaftlich. Zurück alleine in seiner Wohnung wird ihm jedoch klar, dass er Evelyn noch immer liebt und er sie durch Kira nur für eine bestimmte Zeit vergessen kann. Er schreibt ihr eine Nachricht mit der Bitte, dass sie sich bei ihm melden möchte und er recherchiert über die Situation am Schwanenteich. Dabei erfährt er von dem Chaos durch die Demonstranten. Darius erhält eine Mail von Herrn Spiess, in der er liest, dass seine Schicht für den nächsten Tag gestrichen worden ist – vermutlich eine Belohnung für seinen Einsatz mit dem U-Boot.

### ➲ Aufgabe 4: Gestaltendes Schreiben – Ein innerer Monolog von Evelyn

*individuelle Schülerlösung, in der folgende Aspekte enthalten sein können:*

**Vorgaben aus der Aufgabenstellung, die in Evelyns innerem Monolog zu berücksichtigen sind:**

- Darius hat Evelyn eine Message geschickt.
- Sie antwortet ihm nicht, was auf ihre Einstellung dazu schließen lässt.
- Ihre Stimmung ihm gegenüber scheint sich nicht verändert zu haben.

**Ereignisse vorher:**

Darius hat Evelyn auf der Straße abgefangen, um das negative Bild, welches sie zu seinem Beruf hat, zu optimieren – erfolglos, denn sie hält ihn für einen Terroristen, der aus einer sicheren Umgebung heraus tötet, ohne selbst vor Ort zu sein. Evelyn hat viel über den Beruf als Drohnenpilot recherchiert und sie sorgt sich um Darius. Sie erkennt ihn nicht mehr wieder und vermutet eine Art Gehirnwäsche.

**Situation beim inneren Monolog:**

Evelyn erhält die Message von Darius:

- Gefühlslage durch Vorgeschichte → noch immer verärgert und enttäuscht
- Bezug nehmen auf Inhalt der kurzen Nachricht („*Ich habe Dich lieb* […]." (S. 184, Z. 13) → sentimental?; „*Mailde dich mal!*" (S. 184, Z. 16) → als wäre nichts gewesen)
- Entscheidung: Ignorieren der Nachricht, mit Darius abgeschlossen

### ➲ Aufgabe 5

*Lösungsmöglichkeit:*

Darius erzählt seinem Chef nicht von seinen privaten Problemen, da zwischen den beiden kein Vertrauensverhältnis herrscht. Darius hat zuvor bereits erwähnt, dass er kaum etwas über Herrn Spiess weiß und er hat sich schon des Öfteren über dessen Einstellungen gewundert und eine andere Meinung vertreten.
Was die Arbeit angeht, so hat sich Darius nun mal vertraglich dazu verpflichtet, die Anweisungen der Autorität nicht zu hinterfragen. Bei Herrn Spiess stößt er mit seinen Bedenken auf taube Ohren, da dieser offenbar kein Problem damit hat, auch moralisch zweifelhafte Aufträge ohne Weiteres zu erfüllen.

### ➲ Aufgabe 6

*Formulierungsmöglichkeit:*

Darius, du kommst doch selbst auch schon nicht mehr ohne die Tabletten aus. Du hältst die Einsätze ja schon gar nicht mehr ohne deine Pillen aus! Und auch zu Hause hast du Wahnvorstellungen. Du solltest besser mal herausfinden, wo diese Störungen herkommen! Der Job ist vielleicht einfach zu viel für dich. Du bist in letzter Zeit wie ausgewechselt …

→ SH S. 33 f.

## Kapitel .09 Seite 188–207

### ➲ Aufgabe 1

a) ❶ richtig ❷ richtig ❸ falsch ❹ falsch ❺ falsch

b) *Die korrigierten Aussagen lauten:*

❸ Herr Spiess erklärt Darius, dass man sich keiner Drohne ergeben kann, weil international die No-Surrender-Policy gilt.

❹ Herr Spiess möchte, dass Darius noch eine Pille nimmt, damit er sich beruhigt.

❺ Kira erzählt Darius gar nichts, weil sie das von D-Air aus nicht darf.

### ➲ Aufgabe 2: Zusammenfassendes Schreiben

*Formulierungsmöglichkeit:*

Darius wird wegen eines Problems auf der Arbeit mitten in der Nacht abgeholt. Im Container angekommen, erfährt er, dass Tarik seinen Einsatz hat abbrechen müssen. Genauere Informationen dazu erhält Darius nicht, außerdem sei die heutige Mission streng geheim. Als er erfährt, dass er als Sniper agieren muss, macht Darius deutlich, dass er niemanden töten wird, auch keinen Terroristen. Sein Chef argumentiert mit seinem Vertrag, der ihm keine Wahl lässt. Er muss alle geforderten Einsätze ausführen. Als die Zielperson aus dem Haus kommt, weigert Darius sich zu schießen und es kommt zu einer Rangelei zwischen ihm und Herrn Spiess, der dann die Rakete auslöst. Auch als in diesem Moment ein Mädchen zu dem Terroristen rennt, kann Darius den Vorgang nicht abwenden. Während Herr Spiess sich mit der Eliminierung zufrieden zeigt, ist Darius außer sich. Als er sich gegen die gewaltsamen Festhalte-Versuche von Herrn Spiess durchgesetzt hat, trifft er auf Kira, die ihn ebenfalls aufhalten möchte. Nachdem er ihr klargemacht hat, dass er ihr nicht mehr glaubt, streut er auf allen Social-Media-Kanälen die Zusammenhänge von *Raid*, seinem Job als Drohnenpilot und den Machenschaften von D-Air.

### ➲ Aufgabe 3

*Lösungsmöglichkeiten:*

a) ① **zu Beginn:** Darius hält sich mit seiner eigenen Meinung noch zurück, um nicht unangenehm aufzufallen. Er führt die Anweisungen von Herrn Spiess teils widerstandslos aus, teils lässt er sich umstimmen.

② **zum Ende:** Darius setzt sich für seine Einstellung ein, widersetzt sich den Anweisungen und wehrt sich sogar körperlich. Er schreit seinen Chef an und zeigt seine Emotionen ungefiltert.

b) Darius ändert seine Einstellung, da ihm am Ende egal ist, dass er seinen Job verliert. Die Aufgabe, jemanden zu töten, und sei es auch ein Terrorist, möchte er nicht ausführen. Die ganzen Zweifel, die er vorher schon an diesem Job gehabt hat, erreichen hier ihren Höhepunkt, als er vorsätzlich jemanden töten soll.

c) → **Ja,** ich wäre schon früher ausgestiegen, da ich Herrn Spiess nicht geglaubt hätte, dass keiner bei den Einsätzen zu Schaden kommt. Ich finde Evelyn hat recht damit, dass sie sagt, es gibt keinen unmoralischeren Job als Drohnenpilot. Überwachung, die Angriffe, aber auch die Halluzinationen und Tabletten, etc. Das wäre mir alles schon zu viel gewesen!

→ **Nein,** ich hätte weiter für D-Air gearbeitet, weil ich auch nicht weiter vom Grundi hätte leben wollen und die Arbeit brachte ja auch viele Vorteile, wie die Wohnung, das Gehalt, den Spaß an der Arbeit an sich, etc.

**➲ Aufgabe 4**

a) X Sie folgt ihm und möchte, dass er ihr erklärt, was los ist.
- [ ] Sie zeigt ihm nochmals auf, was die Arbeit für D-Air für Vorteile mit sich bringt.
- X Sie fragt, was mit ihnen sei und versucht, ihn zu berühren.
- [ ] Sie gesteht ihm, dass sie sich in ihn verliebt hat und ihn nicht verlieren möchte.

b) 1. Er glaubt ihr nicht mehr. 2. Sie verheimlicht ihm Dinge beispielsweise in Bezug auf Tarik.

## Kapitel .10 Seite 208–227 → SH S. 35 f.

**➲ Aufgabe 1**

a) ❶ richtig ❷ falsch ❸ richtig ❹ falsch ❺ richtig

b) *Die korrigierten Aussagen lauten:*
❷ Evelyn erklärt Darius, dass sie ihn nicht hasst und nie gehasst hat. Sie hat nur nicht mitansehen können, wie er in sein Verderben rennt.
❹ Darius und Evelyn waschen die rote Farbe von ihren Kleidern am Bach aus, um danach zu flüchten.

**➲ Aufgabe 2**

*Formulierungsmöglichkeit:*

Am Schwanenteich angekommen, sagt Darius Evelyn, dass sie mit allem recht gehabt hat. Sven, der bei ihr ist, vermutet, dass Darius ein Spitzel ist und reagiert argwöhnisch. Nachdem Darius den Demonstranten seine Postings über D-Air zeigt, glauben sie ihm und lassen von ihm ab. Darius entschuldigt sich bei Evelyn für sein Verhalten und sie nimmt es an. Als er eine Insektendrohne entdeckt, explodieren Nebelgranaten um sie herum, ferngesteuerte vierbeinige Roboterbüffel rennen umher und eine rote Flüssigkeit wird verspritzt, um die Demonstranten zu markieren. In dem Chaos, aus dem alle panisch flüchten wollen, wird Evelyn von einem der Büffel weggeschleift. Darius stellt fest, dass D-Air also auch an Land agiert. Er befreit Evelyn und die beiden flüchten vor dem Tränengas unter eine Brücke. Beim Abwaschen der Farbe küssen sie sich und flüchten dann gemeinsam.

**➲ Aufgabe 3**

*Folgende Diskussionsinhalte sind denkbar:*
- Darius' Leben bestand vor seiner Erfahrung mit D-Air nur aus Zocken, jetzt hat er einiges erlebt und spürt wieder, dass es auch ein Leben außerhalb des Bildschirms gibt.
- Darius steht endlich zu seiner eigenen Meinung und er hat sich von D-Air befreit.
- Darius und Evelyn haben sich versöhnt und jetzt müssen die beiden eine Lösung für die Situation, in die sie geraten sind, finden.

**➲ Aufgabe 4**

*individuelle Schülerlösung*

**➲ Aufgabe 5 (Wahlaufgabe): Gestaltendes Schreiben – Weiterschreiben einer Textstelle**

*individuelle Schülerlösung*

**Lösungsansatz 1:**
- Darius und Evelyn entkommen dem Angriff und flüchten zu Darius' Vater.
- Darius findet einen neuen Job in der Pflege.
- Darius und Evelyn ziehen am Ende der Geschichte zusammen.

**Lösungsansatz 2:**
- Herr Spiess lässt Darius nicht ungeschoren davonkommen, eine Drohne verfolgt beide.
- Darius zerstört die Drohne und flüchtet mit Evelyn in den Nachbarort.
- Dort holen sie sich Hilfe und schließen sich mit anderen Drohnengegnern zusammen.

## IV. Figuren und ihre Beziehungen

→ SH S. 37

### 1. „Like oder dislike?“ – Mein Sympathiethermometer

➲ **Aufgabe**

a) und b) *individuelle Schülerlösungen*

→ SH S. 38–41

### 2. Darius' Familiensituation – Distanz, Sorge und Verlust

➲ **Aufgabe 1**

| Darius | Darius' Vater |
| --- | --- |
| • 17 bzw. 18 Jahre<br>• Hobby: Zocken<br>• vor zwei Monaten seinen Abschluss gemacht und danach keinen Ausbildungsplatz bekommen<br>• kann nicht in der Pflege arbeiten<br>• sieht im Zocken einen Sinn, schließlich wurde er so zum Drohnenpilot<br>• fühlt sich für ihn verantwortlich<br>• es fällt ihm schwer, über die Mutter zu sprechen<br>• sorgt sich um ihn<br>• unterdrückt seine Trauer oft<br>• redet wenig mit ihm<br>• kann auch die Fassung verlieren, wenn ihn etwas emotional berührt<br>• hoffnungsvoll | • hätte gerne, dass er sich an seine Regeln hält<br>• graue Haare, Ränder unter den Augen, Falten an seinem Hals<br>• verlor seine Arbeit vor zehn Jahren<br>• hat die Mutter zwei Jahre gepflegt<br>• Hobby: „Flatscreening“<br>• trinkt viel Alkohol<br>• findet Zocken grundsätzlich sinnlos<br>• antriebslos<br>• es fällt ihm schwer, über die Mutter zu sprechen<br>• sorgt sich um ihn<br>• unterdrückt seine Trauer oft<br>• redet wenig mit ihm |

➲ **Aufgabe 2**

a) *individuelle Schülerlösung, in der folgende Aspekte enthalten sein können:*

- Distanz zwischen beiden
- zeigen einander keine bzw. wenig Gefühle
- Schmerz/Vorbelastung wegen Tod der Mutter
- finanzielle Situation erzeugt Spannungen
- Darius fühlt sich für seinen Vater verantwortlich
- Vater versucht, sich durchzusetzen (Zocken), mäßig erfolgreich
- reden nur über Banalitäten, wenn überhaupt

b) *Mögliche Ursachen:*

- Distanz, da fehlende Kommunikation
- Verantwortungsgefühl von Darius: Vater nicht auch noch belasten
- Spannungen zwischen beiden

*Formulierungsmöglichkeiten:*

*Papa, ich würde mir von dir wünschen, dass …*

- du deine Rolle als Vater wieder einnimmst, sodass sich unser Verhältnis bessert.
- du mehr mit mir sprichst und offener über deine Gefühle redest
- du dir wieder einen Job suchst und weniger Alkohol trinkst.

➲ **Aufgabe 3**

| **Titel des Auftrags:** Ablenkungsmanöver | | |
|---|---|---|
| **Flugnummer:** 1<br>**Drohnentyp:**<br>Falcon<br>**Kap., Seitenzahl:**<br>Kap. .04, S. 68–72 | **Ablauf der Mission:**<br>• manueller Flug zum Schwanenteich<br>• Anflug in mittlerer Höhe, recht zügig<br>• bei Erreichen des Parks, gemächlicher Flug zwischen den Baumkronen<br>• Zoom auf die Demonstranten, Scan des Platzes<br>• Ablenkungsmanöver/Aufmerksamkeit auf sich lenken (tieferer Flug, Rotoren aufheulen lassen)<br>• Crowd Control („Brummer") überrascht die Aktivisten | **Probleme/Auffälligkeiten:**<br>• überraschender Einsatz (Freude/ Aufregung bei Darius)<br>• Darius erkennt Evelyn, die sich mit Sven unterhält (Darius ist abgelenkt und unkonzentriert)<br>• Darius verspürt ein ungutes Gefühl bei dem Einsatz, weil er die Menschen kennt |
| | | **Mission erfüllt?** X **Ja** ○ **Nein** |

| **Titel des Auftrags:** Patrouille zur Aufklärung fliegen und Abschuss eines Piratenschiffs | | |
|---|---|---|
| **Flugnummer:** 2<br>**Drohnentyp:**<br>Eagle/EZG (Eurozone-Grenzschutz-Drohne)<br>**Kap., Seitenzahl:**<br>Kap. .05, S. 81–87 | **Ablauf der Mission:**<br>• fliegt Achten über das Mittelmeer<br>• Meldung von der Autorität: Gefechtsbereitschaft, Raketen aktivieren und zum Abschuss freigeben<br>• sieht Schiff und zögert<br>• Herr Spiess drückt letztlich den Feuerknopf | **Probleme/Auffälligkeiten:**<br>• zum ersten Mal bewaffnete Drohne<br>• möchte keinen verletzen<br>• Panik bei Darius (Herr Spiess lässt ihn alleine, er soll etwas abschießen, weiß aber nicht genau was) |
| | | **Mission erfüllt?** X **Ja** ○ **Nein** |

| **Titel des Auftrags:** Patrouille/Übungsflug | | |
|---|---|---|
| **Flugnummer:** 3<br>**Drohnentyp:** –<br>**Kap., Seitenzahl:**<br>Kap. .06, S. 105–108 | **Ablauf der Mission:**<br>• Flug über unbewohnte Küstenlandschaft eines ostafrikanischen Staates | **Probleme/Auffälligkeiten:**<br>• erster Nachtflug |
| | | **Mission erfüllt?** X **Ja** ○ **Nein** |

| **Titel des Auftrags:** Zerstörung eines Förderbands in Fernost-Asien | | |
|---|---|---|
| **Flugnummer:** 4<br>**Drohnentyp:**<br>Typ Wiper<br>**Kap., Seitenzahl:**<br>Kap. .06, S. 113–115 | **Ablauf der Mission:**<br>• nach drei Stunden Flug: Sinkflug auf 3.000 m, Geschwindigkeit auf Minimum<br>• Ziel markiert, Abfeuern zweier Piercing-Raketen | **Probleme/Auffälligkeiten:**<br>• Kollateralschäden meiden, große Verantwortung<br>• souveränes Abfeuern von Darius |
| | | **Mission erfüllt?** X **Ja** ○ **Nein** |

| **Titel des Auftrags:** Ladung abwerfen | | |
|---|---|---|
| **Flugnummer:** 5 + 6<br>**Drohnentyp:**<br>Typ Bumblebee (Trägerdrohne)<br>**Kap., Seitenzahl:**<br>Kap. .07, S. 146–151 | **Ablauf der Mission:**<br>• Flug über ein Bergdorf in Asien<br>• Absetzen von MAVs (Micro Air Vehicles), sog. Tiny-Tims | **Probleme/Auffälligkeiten:**<br>• Kindergesichter auf den Dächern, damit die Häuser nicht zerstört werden<br>• bestimmte Person wird wohl gesucht |
| | | **Mission erfüllt?** X **Ja** ○ **Nein** |

<table>
<tr><td colspan="3">Titel des Auftrags: Fuhrpark einer Terroreinheit in Südamerika sichtbar machen und beschießen</td></tr>
<tr><td>Flugnummer: 7<br>Drohnentyp: –<br>Kap., Seitenzahl:<br>Kap. .08, S. 163–166</td><td>Ablauf der Mission:<br>• Angriffshöhe 800, Speed min<br>• Sattelschlepper ausgesucht, getaggt<br>• Abflug Splintercell, Einschlag</td><td>Probleme/Auffälligkeiten:<br>• kein Fahrzeug bleibt verschont<br>• Zweifel von Darius, ob dort nicht doch Menschen gewesen sind</td></tr>
<tr><td colspan="3">Mission erfüllt? X Ja Nein</td></tr>
</table>

<table>
<tr><td colspan="3">Titel des Auftrags: Voraufklärung/Patrouillenflug an Europas Grenze im Süden</td></tr>
<tr><td>Flugnummer: 8<br>Drohnentyp: –<br>Kap., Seitenzahl:<br>Kap. .09, S. 170–174</td><td>Ablauf der Mission:<br>• in 4.000 m Scan fremder Landschaft<br>• Kursabweichung<br>• Entdeckung einer U-Boot-Werft<br>• Dauerfeuer<br>• Darius' Drohne wird getroffen<br>• rettet sich rechtzeitig nach Schuss mit Maschinengewehr<br>• durch Entdeckung neue Operation eingeleitet</td><td>Probleme/Auffälligkeiten:<br>• Kursabweichung, weil Darius eine unbekannte Form sieht<br>• wird zum ersten Mal selbst beschossen<br>• Sorge, jemanden getroffen zu haben</td></tr>
<tr><td colspan="3">Mission erfüllt? X Ja Nein</td></tr>
</table>

<table>
<tr><td colspan="3">Titel des Auftrags: Snipereinsatz, um einen Terroristen zu töten</td></tr>
<tr><td>Flugnummer: 9<br>Drohnentyp: –<br>Kap., Seitenzahl:<br>Kap. .10, S. 190–202</td><td>Ablauf der Mission:<br>• Darius muss Tarik ablösen<br>• Drohne fliegt mit Autopilot<br>• Drohne kreist in 3.000 m Höhe über dem Ziel<br>• Darius möchte abbrechen, will keinen töten<br>• Face-Erkennung aktiviert<br>• Darius taggt die Zielperson, weigert sich jedoch zu schießen<br>• Handgemenge mit Herrn Spiess, dieser drückt ab<br>• ein Mädchen rennt zur Zielperson, Darius möchte abbrechen, Autorität verweigert<br>• Hitman wird abgefeuert und trifft<br>• Darius verlässt das Cockpit und geht</td><td>Probleme/Auffälligkeiten:<br>• dringender, unerwarteter Einsatz für Darius<br>• Koordinaten auf Post-it, streng geheime Mission<br>• Darius soll einen vermeintlichen Terroristen töten<br>• Diskussion und körperliche Auseinandersetzung mit Herrn Spiess<br>• Darius wendet sich von D-Air ab</td></tr>
<tr><td colspan="3">Mission erfüllt? X Ja Nein</td></tr>
</table>

**➲ Aufgabe 4**

a) Kupferarmband, Stoffente, digitaler Bilderrahmen

b) *Lösungsmöglichkeiten:*

Darius ist sehr aufgebracht und reagiert panisch. Nachdem er eine Halluzination hat, ist er wütend, danach ergreift ihn eine tiefe Trauer, welche er versucht, vor Evelyn zu verbergen.
Er hat den Verlust seiner Mutter noch nicht ganz verarbeitet und das Armband war eine sehr wichtige Erinnerung an seine Mutter, ein Teil von ihr, der ihm blieb.

## 3. Darius und Evelyn – Eine Beziehung im Auf und Ab

→ SH S. 42–44

**Aufgabe 1**

b)

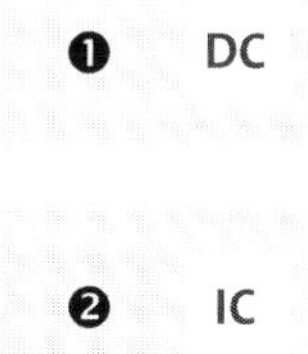

❶ DC

❷ IC

❸ DC

❹ DC

❺ IC

❻ IC

**Aufgabe 2: Interpretierendes Schreiben – Die Entwicklung der Beziehung von Darius und Evelyn**

*individuelle Schülerlösung, in der folgende Aspekte enthalten sein können:*

- Evelyn ist unzufrieden mit Darius' Untätigkeit und zweifelt an der Beziehung.
- Darius ist nervös in Evelyns Gegenwart, möchte sie beeindrucken.
- Er ist zusehends genervt und verunsichert von Evelyns Stimmungsschwankungen, obwohl er alles für eine gute Zukunft tut und ihrem Wunsch folgt.
- Darius belügt sie in puncto Job, um sie nicht aufzubringen oder gar zu verlieren.
- Darius ist etwas eifersüchtig auf Sven.
- Evelyns Gefühle für ihn scheinen zu schwinden, was Darius unbedingt vermeiden möchte, er wünscht sich Frieden und Akzeptanz.
- Darius ist verunsichert, ob er noch mit Evelyn zusammen ist, möchte wieder auf sie zugehen.
- Evelyn ist wutentbrannt, da sie Darius bzw. dessen bedingungslosen Gehorsam D-Air gegenüber nicht (mehr) verstehen kann.
- Kira ist für Darius nur eine willkommene Ablenkung und ein Trostpflaster, er liebt Evelyn nach wie vor.
- Evelyn hasst Darius nicht, sie konnte seinen Untergang nur nicht mit ansehen.
- Sie nähern sich in der Situation der Not wieder an und küssen sich stürmisch.

**Aufgabe 3 (Wahlaufgabe)**

*individuelle Schülerlösung*

→ SH S. 45 f.

## 4. Herr Spiess und die Autorität: Die energischen Vertreter von D-Air

**➲ Aufgabe 1**

*Lösungsmöglichkeit:*

### STECKBRIEF

**Name:** *Herr Spiess (Vorname unbekannt) (vgl. S. 39)* **Alter:** *unbekannt, älter (vgl. S. 39)*

**Aktueller Wohnort:** *unbekannt*

**Familiäre Situation:** *vermutlich nicht verheiratet, trägt keinen Ehering (vgl. S. 151, Z. 19 f.)*

**Berufe:** *Angestellter/Chef eines Standpunktes von D-Air (vgl. S. 45), früher vermutlich als Soldat in Afghanistan stationiert (vgl. S. 84)*

**Aussehen:** *freundlicher Typ, gemütlicher Bauch, sympathische Falten, Bürstenhaarschnitt mit rasierten Seiten (vgl. S. 39), Prothese als künstlichen linken Arm (vgl. S. 46)*

**Einstellungen:** *traut Darius viel zu, hält ihn für sehr fähig als Drohnenpilot (vgl. S. 43); hat etwas gegen diejenigen, die nicht arbeiten und stattdessen auf der Straße demonstrieren, belegt dies mit abfälligen Bemerkungen (vgl. S. 69); schadenfroh (vgl. S. 72); hält nicht viel vom Grundeinkommen und meint, dass jemand, der nicht arbeitet, kein oder zumindest weniger Geld bekommen sollte (vgl. S. 69); im Falle eines Interessenkonfliktes sollte man seiner Meinung nach eindeutig auf der Seite von D-Air stehen und entsprechend handeln (vgl. S. 78 f.); er hat die Einstellung, wenn jemand auf dich schießt, hat man das Recht, zurückzuschießen (kein moralischer Konflikt) (vgl. S. 83 und 88); für ihn ist es gerechtfertigt, einen Mörder/Terroristen zu töten (vgl. S. 194 f.), ist dann auch emotionslos (vgl. S. 199); hinterfragt die Autorität nie (vgl. S. 201)*

**Charaktereigenschaften:** *tritt großzügig auf (zahlt z. B. Essen zur Feier) (vgl. S. 67); als Chef tritt er auch energisch auf, wenn er Darius zurechtweisen muss (vgl. S. 77 f.); humorvoll (vgl. S. 84); unehrlich (vgl. S. 149); höhnisch (vgl. S. 202); um zu bekommen, was er will, nutzt er auch körperliche Gewalt (vgl. S. 203)*

**Weitere Informationen und besondere Merkmale:** *fährt einen schwarzen SUV (vgl. S. 38), lässt sich gerne mehrfach bestätigen (vgl. S. 42); verlor seinen linken Arm bei einer Explosion in Afghanistan (vgl. S. 84); beschreibt D-Air als „große Familie“ (S. 185, Z. 3 f.); abhängig von Erasonal (vgl. S. 186)*

**Aufgabe 2**

*individuelle Schülerlösung, in der folgende Aspekte angeführt werden können:*

- gibt Befehle (vgl. S. 66)
- kommt über einen Lautsprecher (vgl. S. 66)
- gibt zusätzliche Infos, durch sie kann man Hilfe/Unterstützung anfordern (vgl. S. 66)
- spricht betont und bestimmt (vgl. S. 68)
- „»Sie hat recht. Sie hat immer recht.«" (S. 68, Z. 12)
- reagiert nicht auf Nachfragen, Zweifel (vgl. S. 86 f., S. 200)
- lässt Abweichungen nur unter besonderen Bedingungen zu (vgl. S. 171)
- lobt für gute Arbeit (vgl. S. 173)
- emotionslos, sachlich (vgl. S. 201)

**Aufgabe 3**

*individuelle Schülerlösung*

*Formulierungs-/Gestaltungsmöglichkeit:*

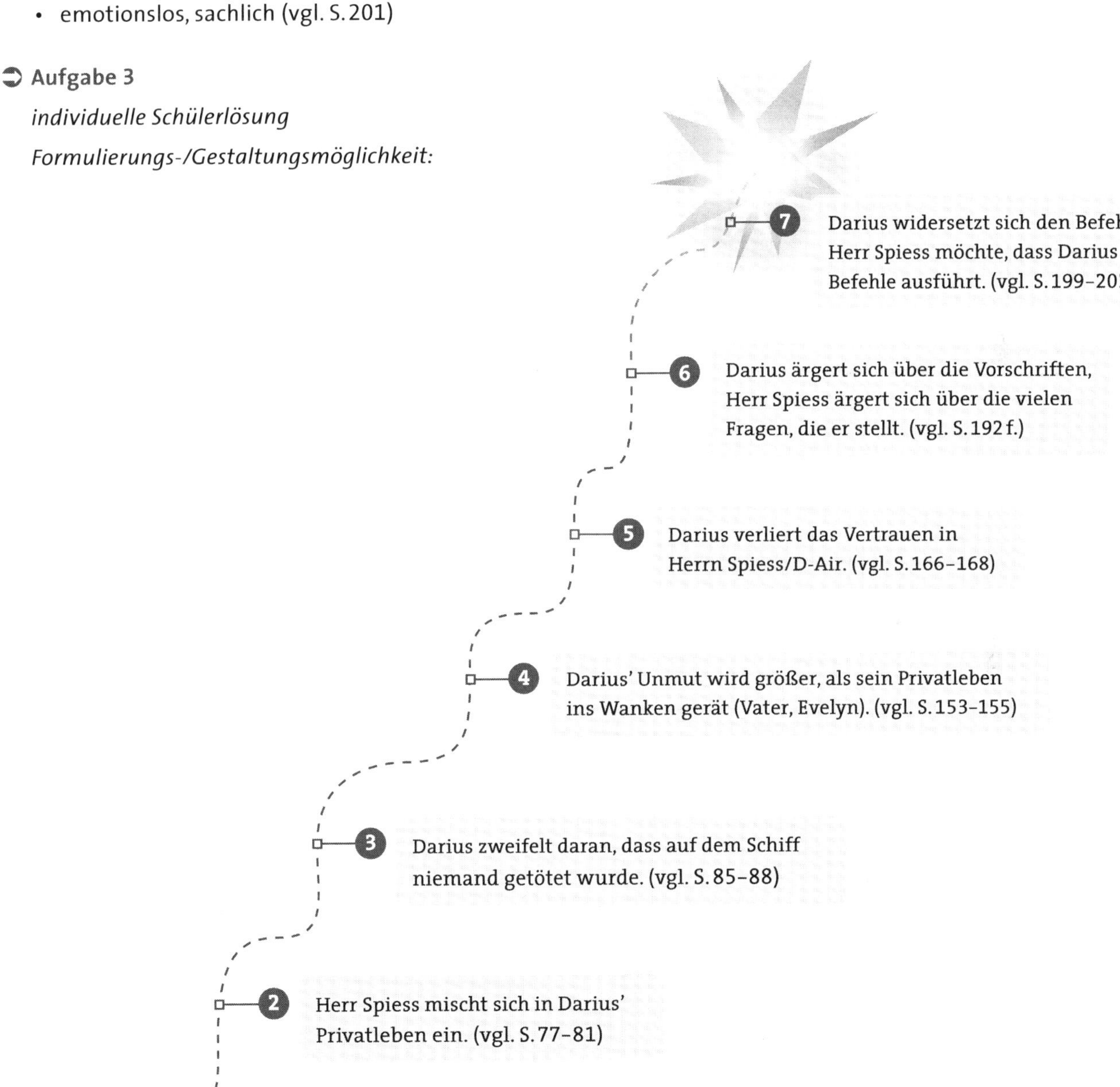

→ SH S.47

## 5. Kira – Die geheimnisvolle Sekretärin

**Aufgabe 1**

b) *individuelle Schülerlösung*

**Aufgabe 2**

*individuelle Schülerlösung:* Drei auf Kira zutreffende Adjektive, die von den Schülern ausgewählt werden könnten, sind zum Beispiel *geheimnisvoll, selbstbewusst* und *verlässlich.*
*Hinweis für die Lehrkraft:* Wichtig ist die logische Begründung der Auswahl.

**Aufgabe 3 (Wahlaufgabe)**

*Hinweis für die Lehrkraft:* Die möglichen **Lösungen** sind **fett** gedruckt.

| | |
|---|---|
| Darius lernt Kira als junge Frau kennen, die sehr auf ihr äußeres Erscheinungsbild achtet. | S. 38<br>„»Darius?«, fragte die junge Frau freundlich. [...] Ihr Haar hatte sie zu einem strengen Zopf zurückgebunden, der nun seitlich auf ihre Schulter fiel, und das schummrige Licht im Container ließ ihren dunkelroten Nagellack und den Lippenstift schwarz erscheinen. Sie trug eine Bluse und eine Hose in der Farbe des Containers." (Z. 17–26) |

| | |
|---|---|
| Kira scheint eine freundliche Kollegin zu sein, die bei D-Air für den Papierkram verantwortlich ist. | S. 61 bis 63<br>„»Papierkram. Wird dir vorkommen wie in der Schule.«<br>»Hoffentlich nicht.«<br>Sie lachte, wir setzten uns und als erstes bluete ich ihr das von meinem Vater unterschriebene Formular." (S. 62, Z. 2–5) |

| | |
|---|---|
| Darius scheint Kira nicht unattraktiv zu finden. | S. 89 f.<br>**„»Eine Kollegin.« »Hübsch?« »Sie schmeißt das Büro.« »Schmeißt sie es hübsch oder hässlich?« »Für manche wohl hübsch.« »Aber für unseren Darius ...« »Bist nur du hübsch.«"**<br>**(S. 89, Z. 32–S. 90, Z. 3)**<br>S. 116<br>**„Ich roch ihr Parfüm [...]. Herr Spiess schlürfte am Milchschaum und sagte: »Sie hat was, was?« »Mh-mmh.«" (Z. 11–20)** |

| | |
|---|---|
| **Darius möchte gerne mehr Zeit mit Kira (außerhalb der Arbeit) verbringen, da er schon ein Auge auf sie hat.** | S. 174 bis 178<br>„Ich fuhr mit, weil ich sie so einfach noch ein bisschen länger um mich hatte.“ (S. 175, Z. 13 f.)<br>„»Ich meine, so im Licht, im Schatten, der Sonne, das Licht ... deine Haut wird hell und dunkel, das sieht schon gut aus, schön.«“ (S. 178, Z. 22 f.) |

| | |
|---|---|
| Kira ist älter als Darius und er vermutet, dass sie vergeben ist. | S. 176<br>**„Sie war etwas älter als ich und es störte mich nicht. Ich hatte mich noch nie in eine ältere Frau verguckt.“ (Z. 6 f.)**<br>**„Sie hatte bestimmt einen Freund. Einen Verlobungsring trug sie allerdings nicht.“ (Z. 7 f.)** |

| | |
|---|---|
| | S. 181 |
| **Darius und Kira lernen sich besser kennen.** | „Sie lebte dieses Leben schon seit Jahren, erzählte sie mir. Gleich nach der Schule war sie bei D-Air untergekommen.“ (Z. 14–16) |
| **Darius und Kira kommen sich sehr nah.** | „Wir zogen uns enger aneinander, sie warf ihre Haare aus dem Gesicht und wir küssten uns, umarmten uns, ihre Hände auf meinem Rücken, am Hals, in meinen Haaren, an meinen Wangen.“ (Z. 24–26) |

| | |
|---|---|
| **Kira möchte Darius nicht noch näherkommen und geht deshalb nicht mehr mit in seine Wohnung.** | S. 183<br>**„Warum war Kira nicht mit hochgekommen? War ihr das peinlich? Ich war ihr doch nicht peinlich? Nein, dann hätte sie mich im Biergarten nicht geküsst, wo sie jeder kannte. Ich wäre jetzt gerne zu zweit gewesen, mit ihr.“ (Z. 19–22)** |

| | |
|---|---|
| **Darius erkennt, dass er Evelyn noch liebt und Kira für ihn nur eine Ablenkung ist.** | S. 184<br>**„Ich wünschte, ich könnte mir etwas vormachen, aber wenn ich mir nicht in meine eigene Tasche lügen wollte, musste ich in den Spiegel gucken und zugegeben [sic], dass ich sie immer noch liebte. Kira ließ sie vergessen. Wenn Kira da war.“ (Z. 3–7)** |

| | |
|---|---|
| **Kira tut so, als wäre nichts zwischen den beiden passiert.** | S. 190<br>„Kira grüßte mich, als hätte ich mir den Abend mit ihr eingebildet, als hätte ich mir meine Lippe selbst wundgekaut." (Z. 30 f.) |

| | |
|---|---|
| Kira liegt etwas an Darius, er ist ihr nicht egal.<br><br>Darius möchte abschließen und beendet den Kontakt zu ihr, da er ihr nicht vertrauen kann. | S. 204 f.<br>**„»Und ... wir?«, fragte sie. Jetzt blieb ich doch kurz stehen. »Wir? Wir? Wo waren wir denn, als ich hier ankam?« »Ich ... meinst du, ich ... ich konnte doch nicht ... was hätte ich denn ...« Sie wollte mich berühren. Ich zuckte zurück. »Sorry, ich glaube hier keinem mehr ein Wort. Ich kann nicht mehr. Ich will mit D-Air nichts mehr zu tun haben. Und mit dir auch nicht.«" (S. 204, Z. 32–S. 205, Z. 5)** |

→ SH S. 48

## 6. Tarik – Der verschwundene Kollege

➲ **Aufgabe 1:**

b) *Lösungsmöglichkeiten:*
- Unterschreibe den Arbeitsvertrag, das ist eine große Chance!
- Nimm Erasonal gegen die Pilotenhalluzinationen!
- Kündige, wenn es nicht mehr geht!

➲ **Aufgabe 2 (Wahlaufgabe): Gestaltendes Schreiben – Weiterschreiben einer Textstelle**

*Hinweis für die Lehrkraft:* Gerade diese Textstelle lässt Raum für Spekulationen.

*individuelle Schülerlösung*

**Lösungsansatz 1:**
- Tarik hält den Einsatz emotional nicht aus.
- Herr Spiess wird wütend, will ihn zwingen.
- Es kommt zu einem Handgemenge zwischen Tarik und Herrn Spiess, bei dem auch Blut fließt.
- Tarik gelingt es, zu flüchten. Dabei lässt er sein Motorrad stehen.

**Lösungsansatz 2:**
- Tarik fliegt unkonzentriert.
- Die Autorität zwingt ihn zum Abbruch.
- Herr Spiess schlägt Darius vor, da dieser ihm fähiger erscheint.
- Tarik wird wütend und wird handgreiflich gegenüber Herrn Spiess.

→ SH S. 49

## 7. „Beziehungskiste" – Figuren des Romans im Überblick

➲ **Aufgabe**

*individuelle Schülerlösung*

→ SH S. 49

## 8. Figurencasting

➲ **Aufgabe**

*individuelle Schülerlösung*

## V. Romanstruktur

→ SH S. 50

**Aufgabe**
*individuelle Schülerlösung*

## VI. Techniken des Erzählens

### 1. Erzählerische Mittel der Gestaltung des Romans

→ SH S. 51–53

**Aufgabe 1**

b)

„**Ich** ließ gerade wieder **mein** Device in der Tasche verschwinden, da marschierte Herr Spiess aus dem Flur in den Büroraum." (S. 63, Z. 9 f.)

„Am nächsten Tag schüttete **ich** den Inhalt des Briefumschlages auf den Schreibtisch im Container, nachdem **ich** ihnen **meine** Geschichte vom Vorabend erzählt hatte." (S. 168, Z. 21–23)

**Erzählform:** Ich-Form

c) **Erzählverhalten:** personales Erzählverhalten aus der Sicht von Darius
**Begründung:** Dieser Ich-Erzähler schildert aus den Augen von Darius das, was Darius um sich herum im Kinosaal wahrnimmt („Saal füllte sich", Gäste) (= äußere Handlung). Außerdem erhält der Leser Einblick in die Gedankenwelt des Protagonisten („Ich wollte gerade einen Kommentar [...] ablassen", „Ich dachte [...]") und in seine Gefühlswelt („Ich dachte, ich hätte mich galant aus dem Thema gewunden.") (= innere Handlung). (S. 90, Z. 8–12)

**Aufgabe 2**

| | beobachten | wissen | vermuten |
|---|---|---|---|
| ❶ „Wenn die XT-17 eine Schwäche hatte, war es die Anfälligkeit des Bordcomputers gegen die statische Aufladung einer Gewitterfront." (S. 7, Z. 7–9) | | X | |
| ❷ „Plötzlich hämmerte ein Flugabwehrgeschütz los, dem Geräusch nach zu urteilen musste ich mich direkt über ihm befinden." (S. 7, Z. 33 f.) | | | X |
| ❸ „Seine Schultern hingen herunter, ein Hemdknopf offen in der Mitte, seine grauen Haare und die Ränder unter den Augen, die Falten an seinem Hals, abgenommen hatte er." (S. 10, Z. 18–20) | X | | |
| ❹ „Und vielleicht war es genau diese extreme Nähe, die uns auseinanderdriften ließ." (S. 15, Z. 21 f.) | | | X |
| ❺ „Evelyn kam in ihrem Leben bestens klar." (S. 17, Z. 6 f.) | | X | |

**Aufgabe 3 (Wahlaufgabe)**
*individuelle Schülerlösung*
*Hinweis für die Lehrkraft:* Die Aufgabe zielt darauf ab, dass die Schüler sich in Evelyns Lage hineinversetzen. Deshalb ist es zur Lösung dieser Aufgabe wichtig, nicht nur die äußere Handlung zu erzählen, sondern auch Evelyns Gedanken und Gefühle während des Drohnenangriffs im Paralleltext zu transportieren.

→ SH S. 53 f.

## 2. Zeitgestaltung des Romans

### ➲ Aufgabe

b) *Hinweis für die Lehrkraft:* Außer auf den im Schülerarbeitsheft angegebenen Seiten finden sich selbstverständlich noch weitere Vorausdeutungen im Romantext.

| Vorausdeutung | Erläuterung des Bezugs |
|---|---|
| „[...] der Platz meiner Mutter vor dem Fenster blieb leer. [...] aber ich konnte nicht auf ihrem Platz sitzen. Noch nicht." (S. 11, Z. 26–S. 12, Z. 2) | Mit dieser Textstelle wird angedeutet, dass Darius' Mutter offensichtlich nicht mehr bei ihnen wohnt und Darius' dies noch nicht verkraftet hat, weil er es noch nicht fertigbringt, auf ihrem Platz zu sitzen. Dass Darius' Mutter tot ist, kann zu diesem Zeitpunkt noch nicht mit Gewissheit gesagt werden. Noch auf derselben Seite erfährt der Leser jedoch, dass Darius' Mutter krank geworden war (vgl. S. 12, Z. 15) und zwei Jahre später verstarb (vgl. S. 12, Z. 26). |
| „Kaum saßen wir, stellte Kira die Kaffeetassen vor uns ab. »Einmal ohne, einmal mit Zucker.« Bei Letzterem schaute sie mich an. »Danke, so mag ich ihn«, brachte ich nur heraus [...]." (S. 39, Z. 24–27) | Durch diesen scheinbaren Zufall mit Darius' Cappuccino wird angedeutet, dass D-Air offenbar bereits mehr über Darius weiß. Wie Tarik später bestätigt, beobachtet D-Air seine potentiellen Piloten beim Zocken über die Screencam, bevor sie eingestellt werden, um kein Risiko einzugehen. (vgl. S. 162 f.) |
| „Gemütlich schlenderte ich durch das Industriegebiet, hörte die Vögel und sah links und rechts von mir die Schatten kleiner Tiere in die Büsche huschen. Ob es Eichhörnchen, Kaninchen oder Ratten waren, konnte ich nicht erkennen." (S. 116, Z. 29–S. 117, Z. 1) | In dieser Textstelle zeigen sich bei Darius erste Anzeichen der Pilotenhallus, die Darius aber noch nicht als solche wahrhaben möchte, obwohl Tarik ihm versichert, dass es auf dem Firmengelände aus Sicherheitsgründen keine Nager gibt. (vgl. S. 117 f.) Darius' Halluzinationen nehmen im weiteren Verlauf der Handlung allerdings immer mehr zu, weshalb er sich auch Erasonal von Herrn Spiess erbittet. (vgl. S. 165, Z. 19) |

c) *Lösungsmöglichkeiten:*

| Funktion | Textstelle |
|---|---|
| Erklärung der Entstehung und Entwicklung von Ereignissen (auch: nähere Beleuchtung der Charaktere) | Ursache für die finanziell schlechte Situation von Darius' Familie (vgl. S. 12, Z. 14–18) |
| nähere Beleuchtung der Charaktere | Verdeutlichung von Evelyns sozialer Ader (vgl. S. 17, Z. 3–6) |

## VII. Sprache und Stil

→ SH S. 55–56

### 1. Sprachformen – „Die Sprachen in der Sprache“

**➲ Aufgabe**

b) *Lösungsmöglichkeiten:*

*Hinweis für die Lehrkraft:* Es sind auf den angegebenen Seiten u. U. noch andere Sprachformen und Textbelege zu finden.

Seite 12

**Sprachform:** Umgangssprache/Jugendsprache
**Textbeleg:** „Mit einer Ausbildung oder einem Job könnte ich zum Grundi dazuverdienen.“ (Z. 21 f.)

Seite 70

**Sprachform:** Fachsprache
**Textbeleg:** „»Achtung, Crowd Control Geschwader 376 und 515 aus 87 Grad [...]«“ (Z. 27)

Seite 136

**Sprachform:** Umgangssprache
**Textbeleg:** „Ohne viel Hoffnung, ihn wirklich zu ergattern, beschleunigte ich meine Schritte.“ (Z. 29 f.)

Seite 180

**Sprachform:** Umgangssprache/Jugendsprache
**Textbeleg:** „Das war ja der einzige Schuppen, den ich kannte.“ (Z. 20 f.)

Seite 206

**Sprachform:** Umgangssprache
**Textbeleg:** „Natürlich war Herr Spiess auf mich sauer, aber konnte er mich verstehen?“ (Z. 14 f.)

c) *individuelle Schülerlösung*

### 2. Sprachstile und Wortwahl – „Für jeden Ort das richtige Wort“

→ SH S. 57

**➲ Aufgabe 1**

*Hinweis für die Lehrkraft:* Die Zuordnung zu den Stilebenen ist nicht immer eindeutig, was u. a. mit dem individuellen Sprachgefühl zusammenhängt. Es empfiehlt sich, ggf. ein einschlägiges Wörterbuch (z. B. Duden/Duden online) zurate zu ziehen.

*Lösungsmöglichkeiten:*

| Sprachstil | Beispiele aus dem Roman |
|---|---|
| *salopp* | • „Alter“ (S. 137, Z. 5)<br>• „dämlich“ (S. 25, Z. 11; S. 47, Z. 35; S. 182, Z. 27)<br>• „klauen“ (S. 151, Z. 26)<br>• „Knarre“ (S. 198, Z. 34)<br>• „Kohle“ (S. 12, Z. 12; S. 145, Z. 11) |

| Sprachstil | Beispiele aus dem Roman |
|---|---|
| *derb* | • „Arsch“ (S. 88, Z. 4; S. 127, Z. 23)<br>• „Arschbacken“ (S. 84, Z. 29 f.; S. 85, Z. 1)<br>• „Verarsche“ (S. 33, Z. 14; S. 44, Z. 22)<br>• „verrecken“ (S. 87, Z. 34) |
| *vulgär* | • „Arschloch“ (S. 48, Z. 2; S. 195, Z. 27)<br>• „Scheiße“ (S. 102, Z. 7; S. 153, Z. 20; S. 172, Z. 33; S. 184, Z. 1)<br>• „Scheißhaus“ (S. 87, Z. 17) |

**Aufgabe 2**

a) **arretieren** → feststellen
**permanent** → dauerhaft
**inspizieren** → begutachten
**kollidieren** → zusammenstoßen

Ohne Zuordnung bleiben das Adjektiv „zerbrechlich“ und das Verb „aufbrechen“.

b) *individuelle Schülerlösung*

→ SH S. 58 f.

## 3. Sprachliche Gestaltungsmittel – „Der kunstvolle Gebrauch der Sprache“

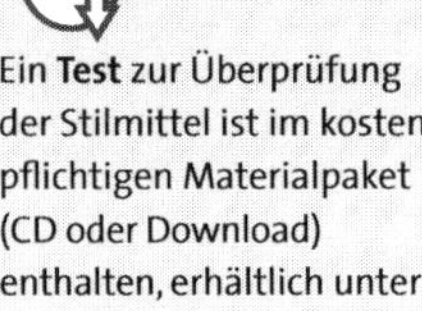

Ein **Test** zur Überprüfung der Stilmittel ist im kostenpflichtigen Materialpaket (CD oder Download) enthalten, erhältlich unter **www.krapp-gutknecht.de**

**Aufgabe 1**

❶ Stilmittel: Metapher/Personifikation
❷ Stilmittel: Ellipse
❸ Stilmittel: Ironie
❹ Stilmittel: Neologismus
❺ Stilmittel: Vergleich
❻ Stilmittel: Anapher/Parallelismus/Antithese
❼ Stilmittel: Personifikation/Antithese
❽ Stilmittel: (verblasste) Metapher
❾ Stilmittel: Wortspiel (Paronomasie)/Neologismus
❿ Stilmittel: Aufzählung (Akkumulation)/Ellipse

**Aufgabe 2**

„»Du […] wirst zu einem Zockerzombie […].«“ (S. 31, Z. 27–29)

**Erklärung:** Durch den Neologismus „Zockerzombie“ wird ausgedrückt, dass alle Zocker zu einer leblosen menschenähnlichen Hülle ohne menschliche Eigenschaften werden, die lediglich der Technik dient und von ihr beherrscht wird.

„»Wir haben etwas Gutes getan. Du hast etwas Gutes getan. Wir tun Gutes. Du bist einer der Guten, Darius, einer der Guten.«“ (S. 88, Z. 13 f.)

**Erklärung:** Durch die mehrfache mantraartige Wiederholung (Repetitio) des nominalisierten Adjektivs „Gutes“ bzw. „Guten“ will Herr Spiess Darius suggerieren, dass er nichts Unrechtmäßiges getan hat und sich nichts vorzuwerfen hat. Die abwechselnde Wiederholung der Personalpronomen „Wir“ und „Du“ erzeugt zusätzlich unterschwellig ein Wir-Gefühl, sodass Darius sich von der D-Air-Familie getragen fühlt.

„Mein Verstand sah das ein, mein Herz allerdings nicht.“ (S. 132, Z. 25 f.)

**Erklärung:** Durch die Verwendung der Antithese „Verstand“ und „Herz“ soll zum Ausdruck gebracht werden, dass Darius in Bezug auf seine Freundin Evelyn innerlich gespalten ist. Er sieht sich hin- und hergerissen zwischen dem, was sein Verstand ihm sagt und was sein Herz fühlt, d. h. zwischen Ratio und Emotion.

„Dann brach die Hölle los." (S. 214, Z. 30)

**Erklärung:** Mit der Metapher „Hölle" wird an dieser Stelle eindringlich und bildhaft verdeutlicht, wie schlimm und grausam Darius den unerwarteten Angriff der D-Air-Truppen am Schwanenteich empfindet.

## 4. Grammatik – „Die Lehre vom Bau der Sprache"

→ SH S. 59

**➲ Aufgabe (Wahlaufgabe): Grammatik-Trainingslager**

Die Lösungen zu dieser Aufgabe befinden sich im Downloadbereich zum Lehrerheft.

# VIII. Interpretationsaspekte

## 1. Darius – Einfach nur ein Name oder ein Name mit tieferer Bedeutung?

→ SH S. 60

**➲ Aufgabe**

b) *Lösungsmöglichkeit:*

Laut der Erklärung bedeutet der Name Darius übersetzt „das Gute festhaltend" oder „das Gute besitzend". Diese Eigenschaft trifft auf Darius' Charakter zu, er ist im tiefsten Inneren ein guter Mensch mit guten Absichten (z. B. sorgt er sich um den Gesundheitszustand seines Vaters, lehnt das Töten stets ab und wendet sich am Ende gegen D-Air). Der Name Darius ist zudem eine Anspielung auf das altenglische Wort „dran" für Drohne, die zu Darius' Job als Drohnenpilot passt. Insofern kann man im Kontext des Romans *Der Drohnenpilot* Darius als ‚sprechenden Namen' bezeichnen.

## 2. Machen Drohnen das Töten leichter?

→ SH S. 61

**➲ Aufgabe**

a) *Lösungsmöglichkeit:*

Evelyn kritisiert in der angegebenen Textstelle Darius, für den es offensichtlich keinen Unterschied macht, einen Feind aus dem Cockpit heraus zu eliminieren oder auf dem Gefechtsfeld: „»Schießen ist Schießen.«" (S. 127, Z. 26). Für Evelyn macht es jedoch einen immensen Unterschied, ob man als „»cooler«" (S. 127, Z. 28) Drohnenpilot aus seinem Cockpit an einem sicheren Ort in der Ferne auf jemanden oder etwas schießt oder ob man als Soldat, der mittendrin in einem Einsatz dabei ist, sein eigenes Leben riskiert und dem Feind ins Auge sieht. Ihrer Meinung nach fühle es sich weniger real an und man habe weniger Skrupel abzudrücken. (vgl. S. 127, Z. 33–35)

c) *individuelle Schülerlösung*

## 3. Ist das Töten für den „guten" Zweck berechtigt?

→ SH S. 61–62

**➲ Aufgabe**

a) *individuelle Schülerlösung*

*Hinweis für die Lehrkraft:* Die aufgeworfene Frage kann durchaus kritisch gesehen und diskutiert werden. Deshalb sind durchaus Pro- und Kontra-Argumente von den Schülern zu erwarten. Wichtig ist es, die Schüler in der anschließenden Diskussion für die Komplexität der Thematik und die Tragweite der getroffenen Entscheidung zu sensibilisieren.

c) *individuelle Schülerlösung*

→ SH S.63

### 4. Interpretationsaussagen nachvollziehen und begründen

**Aufgabe 1**

a) und b) *individuelle Schülerlösungen*

**Aufgabe 2 (Wahlaufgabe)**

*individuelle Schülerlösung*

## IX. Autor, Text und Kritik

→ SH S.64 f.

### 1. Thorsten Nesch – Der Autor und sein Werk

**Aufgabe 1**

b) *individuelle Schülerlösung*

c) *individuelle Schülerlösung*

*Hinweis für die Lehrkraft:* Die Bewertungskriterien für die Gestaltung des Plakats werden durch die Aufgabenstellung vorgegeben. Als Größe für ein Präsentationsplakat empfiehlt sich mindestens DIN A2.

**Aufgabe 2 (Wahlaufgabe)**

*individuelle Schülerlösung*

→ SH S.65 f.

### 2. Kurzrezension zum Roman

**Aufgabe 1**

a) Die Rezension von Julia ist in zwei Sinnabschnitte, die zugleich auch Druckabschnitte sind, gegliedert. In den Zeilen 1 bis 12 ist dargestellt, wovon der Roman handelt (Inhalt), in den Zeilen 13 bis 18 werden ausgewählte Aspekte hervorgehoben, die den Roman nach Meinung der Rezensentin lesenswert machen bzw. die kritisch zu sehen sind (Rechtfertigung).

b) Argumente der Rezensentin:

- gekonnte Verknüpfung von Science-Fiction mit Elementen des Thrillers, der ersten Liebe und ihren Krisen
- bildhaft anschauliche Sprache zur Darstellung von Gefühlen
- packend und zunehmend beklemmend geschrieben
- Naivität des Ich-Erzählers stört, ist unpassend
- Handlungsverlauf etwas vorhersehbar
- das große Finale am Ende des Romans wirkt unglaubwürdig und überladen, fast kitschig

Stellungnahme und Begründung: *individuelle Schülerlösung*

**➲ Aufgabe 2 (Wahlaufgabe)**

a) Im Jahr 2015 waren in der Kategorie »Jugendbuch« folgende Bücher für den ‚Deutschen Jugendliteraturpreis' nominiert:

- *Halbe Helden* von Erin Jade Lange
- *Das Fieber* von Makiia Lucier
- *Ein Sommer am See* von Mariko Tamaki
- *Mädchenmeute* von Kirsten Fuchs
- *Eleanor & Park* von Rainbow Rowell
- *Das hier ist kein Tagebuch* von Erna Sassen

b) Der Preisträger in der Kategorie »Jugendbuch« war 2015 der Roman *Mädchenmeute* der deutschen Schriftstellerin Kirsten Fuchs, erschienen im Rowohlt-Verlag.

**Zum Inhalt:** In dem Roman wird eine Abenteuergeschichte von sieben Mädchen, darunter die 15-jährige Ich-Erzählerin Charlotte Nowak, erzählt, die sich bei einem zweiwöchigen Sommercamp im Wald begegnen. Die Gruppe beschließt jedoch, ohne das Wissen ihrer Eltern auf eigene Faust loszuziehen und Abenteuerurlaub in den Wäldern des Erzgebirges zu machen. Der Roman zeichnet sich aus durch einen großartigen Spannungsbogen und eine knappe und zugleich sehr lebendige Sprache. Zentrale Themen, die in dem Roman behandelt werden, sind zum Beispiel: Freundschaft, die eigene Rolle innerhalb einer sozialen Gruppe, Ängste, Freiheit. Die Leseempfehlung für den Roman lautet ab 14 Jahren.

c) *individuelle Schülerlösung*

## 3. Deine Meinung, meine Meinung

→ SH S. 67

**➲ Aufgabe 1**

*individuelle Schülerlösung*

**➲ Aufgabe 2 (Wahlaufgabe)**

*individuelle Schülerlösung*

# Hinweise und Erläuterungen zum Materialteil des Lehrerheftes | M 1–6

## Hinweise zu den Ergänzungsmaterialien

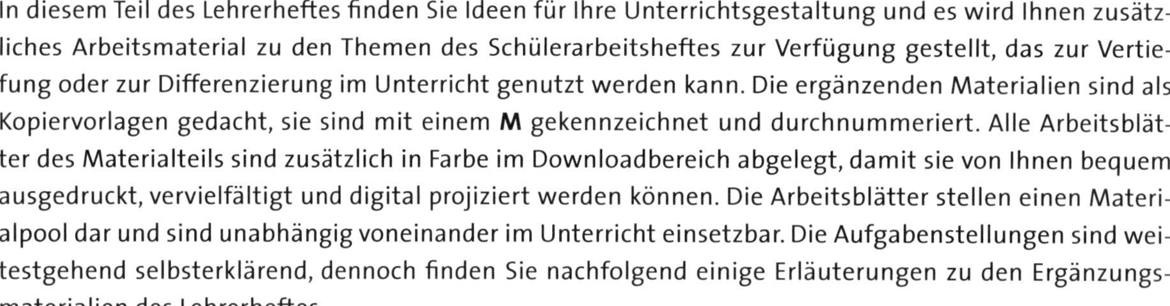

In diesem Teil des Lehrerheftes finden Sie Ideen für Ihre Unterrichtsgestaltung und es wird Ihnen zusätzliches Arbeitsmaterial zu den Themen des Schülerarbeitsheftes zur Verfügung gestellt, das zur Vertiefung oder zur Differenzierung im Unterricht genutzt werden kann. Die ergänzenden Materialien sind als Kopiervorlagen gedacht, sie sind mit einem **M** gekennzeichnet und durchnummeriert. Alle Arbeitsblätter des Materialteils sind zusätzlich in Farbe im Downloadbereich abgelegt, damit sie von Ihnen bequem ausgedruckt, vervielfältigt und digital projiziert werden können. Die Arbeitsblätter stellen einen Materialpool dar und sind unabhängig voneinander im Unterricht einsetzbar. Die Aufgabenstellungen sind weitestgehend selbsterklärend, dennoch finden Sie nachfolgend einige Erläuterungen zu den Ergänzungsmaterialien des Lehrerheftes.

Einige der in diesem Lehrerheft verwendeten Übungen und Methoden entstammen dem *Kooperativen Lernen* nach Silke Traub (2004) und dem *Selbstorganisierten Lernen* (SOL), einem systemisch-konstruktivistischen Ansatz für Unterricht nach Martin Herold und Birgit Landherr (2003) zur Förderung der Kooperation durch kooperative Lernformen bei gleichzeitiger Stärkung der Selbstständigkeit und Eigenverantwortung der Lernenden.[10]

## Erläuterungen zu den Ergänzungsmaterialien

Nachfolgend werden die Ergänzungsmaterialien **M 1** bis **M 6** des Lehrerheftes (siehe LH, S. 63–76) überblicksartig vorgestellt und die eingesetzten Übungen und Methoden erläutert.

Lösungshinweise zu ausgewählten Ergänzungsmaterialien des Lehrerheftes befinden sich ausschließlich im Downloadbereich.

→ LH S. 63

### Zwei Buchcover untersuchen und vergleichen — M 1

Unabhängig von der im Schülerarbeitsheft vorgesehenen ersten Begegnung mit dem Jugendbuch (siehe SH, S. 4 f.) bietet der **Coververgleich** eine alternative Einstiegsmöglichkeit in die Arbeit mit der Lektüre. Sie eignet sich auch für den Fall, dass die Schüler das Schülerarbeitsheft und die Lektüre noch nicht besitzen. Der alternative Einstieg kann sowohl anstelle der gängigen Annäherung an die Lektüre über Titel, Titelbild und Klappentext verwendet werden als auch dieser Annäherung im Sinne einer Hinführung vorgeschaltet werden.

Auf dem Arbeitsblatt **M 1** sind die beiden Buchcover der Mixtvision-Ausgabe (2017) und der Klett-Ausgabe (2019) abgebildet. Die beiden Cover eignen sich insofern für einen Vergleich, da sie sowohl Gemeinsamkeiten als auch Unterschiede aufweisen. Der Coververgleich soll die Schüler thematisch und atmosphärisch auf die Lektüre einstimmen und zu Spekulationen über eine mögliche Handlung anregen, die sie entweder im Unterrichtsgespräch spontan äußern oder handlungs- und produktionsorientiert zu einer Kurzgeschichte oder einem Gedicht verarbeiten.

→ LH S. 64–65

### Ein Kreuzworträtsel über den Roman lösen — M 2

Das Kreuzworträtsel kann nach der Erstlektüre des gesamten Romans eingesetzt werden. Anhand von zwanzig Fragen zum Inhalt wird die Lektürekenntnis überprüft. Das Arbeitsblatt **M 2** kann als Hausaufgabe oder Schulaufgabe im Unterricht verwendet werden, es kann aber auch als Inhaltstest eingesetzt werden. Das Kreuzworträtsel eignet sich zudem als ‚Kleiner Leistungsnachweis' (KLN).

---

10 Informationen zu SOL finden sich auch auf dem Landesbildungsserver Baden-Württemberg unter folgendem Link: https://www.lehrerfortbildung-bw.de/u_gestaltlehrlern/projekte/sol/fb1/ [eingesehen am 06. 07. 2020]

Von Knobel- und Rätselaufgaben geht für Kinder und Jugendliche im Allgemeinen ein hoher Aufforderungscharakter aus. Das Kreuzworträtsel zum Roman besitzt also zum einen motivationalen Charakter und zum anderen lenkt es vom Lernfokus ab. Durch das Lösen des Kreuzworträtsels findet eine kognitive Aktivierung statt, durch die die Lernenden zur aktiven Auseinandersetzung mit den Lerninhalten (hier dem Romaninhalt) angeregt werden. Das Lösungswort ‚Verantwortung' kann darüber hinaus ein Impuls für ein weiterführendes Unterrichtsgespräch über den Roman sein.

## Ein Gespräch untersuchen M 3

→ LH S. 66–67

Dialoge machen epische Texte nicht nur lebendiger, sondern sind oft Schlüsselstellen für den Fortgang der Handlung und für die Interpretation eines Textes (z. B. Motive für das Handeln der Figuren, Entwicklung der Beziehung von Figuren). Das Material **M 3** besteht aus einem tabellarischen Analyseschema (M 3a), das auf verschiedene Gespräche angewandt werden kann, und einem differenzierten Bewertungsraster für einen schriftlichen Analyseaufsatz zur Dialoganalyse (M 3b), das auch als Checkliste oder Feedbackbogen verwendet werden kann. Das Analyseschema ist durch die Tabelle vorstrukturiert und erleichtert den Schülern somit die Herangehensweise.

## Sich über das Thema »Identität« informieren M 4

→ LH S. 68

Die im Roman enthaltenen Themen sind vielfältig. Ein gewichtiger Themenkomplex lautet »Identität und Erwachsenwerden«. Zur Erarbeitung des **Themas »Identität«** wird auf dem Arbeitsblatt **M 4** ein Sachtext mit einem Diagramm dargeboten. Die Erschließung des Sachtextes erfolgt anhand von Leitfragen mit steigendem Anforderungsniveau. Dabei gibt es vier Fragetypen:

1. *Fragen zur Informationsentnahme,* die sich mithilfe von Textinformationen, die an einzelnen Stellen im Text zu finden sind, beantworten lassen.
2. *Fragen zur Informationsentnahme,* die sich mithilfe von Textinformationen, die aus verschiedenen Stellen des Textes kombiniert werden müssen, beantworten lassen.
3. *Fragen zum Erklären und Erläutern,* deren Antworten nicht direkt im Text zu finden sind, sondern die sich durch eine Kombination von Textwissen (auch der Lektüre) und eigenem Wissen (Erfahrungswissen) beantworten lassen.
4. *Fragen zum Beurteilen und Bewerten,* deren Antworten nicht im Text zu finden sind, sondern die sich beantworten lassen, indem zu Aussagen Stellung genommen wird und Entscheidungen begründet werden.

Dieser progressive Aufbau der Fragen wird den Schülern auf dem Arbeitsblatt durch die gliedernden Zwischenüberschriften in Aufgabe 1 b) offengelegt. Durch den Einsatz dieser Fragetypen erhält man eine Spannbreite von Informationsentnahmen, Anwendungen von Erfahrungswissen im Zusammenhang mit Textverständnis bis hin zu begründeter Stellungnahme.[11]

Des Weiteren üben die Schüler mit diesem Arbeitsblatt den Umgang mit diskontinuierlichen Texten, indem sie dem Balkendiagramm gezielt Informationen entnehmen und diese dann in einen kontinuierlichen Text umformen müssen.

*Hinweis zur Differenzierung:* Ein umfangreicherer und komplexerer Sachtext zum Thema »Erwachsenwerden« ist in dem kostenpflichtigen Materialpaket (auf CD oder als PDF-Download) zum Lehrerheft enthalten. Dieser kann auch mit der Methode »Teamlesen« aus Material M 5 erschlossen werden.

11 Nähere Informationen zu dieser Fragetechnik erhält man bei Schoenbach, R., Greenleaf, C., Cziko, C. & Hurwitz, L. (2006). *Lesen macht schlau. Neue Lesepraxis für weiterführende Schulen.* Berlin: Cornelsen Skriptor.

→ LH S. 71–74

## Eine Rezension mit der Methode »Teamlesen« erschließen M5

Die Methode **Teamlesen**, die auch unter der Bezeichnung **reziprokes Lesen** bekannt ist, ist eine Form der Gruppenarbeit, deren Einsatz sich zur kooperativen Erschließung eines längeren, meist anspruchsvollen (Sach-)Textes eignet, die sich besonders in heterogenen Lerngruppen anbietet. Durch die Verbindung aus Texterschließung und Textpräsentation wird sowohl die Lese-/Texterschließungskompetenz als auch die mündliche Kommunikationskompetenz mit dieser Methode geschult. Ziel des Teamlesens ist es, einen Text gemeinsam zu erschließen und zu verstehen, wobei jeder Einzelne aus der Gruppe nach einem festgelegten Ablauf einen Teil dazu beiträgt.

Idealerweise werden für das Teamlesen Vierergruppen gebildet, sodass jedes Teammitglied im Verlauf der Gruppenarbeit einmal jede Rolle/Aufgabe (Zusammenfassen, Fragen stellen, Erklären, Vorhersagen) übernimmt. Eine genaue Erklärung des **Ablaufs des Teamlesens** und die benötigten **Rollenkarten** für die Schüler sind in dem Material (M 5a) zu finden. In diesem Unterrichtsmaterial wird das Teamlesen zur Erarbeitung einer Rezension zum Roman (M 5b) genutzt. Es liegt im Ermessen der Lehrkraft, im Anschluss an das Teamlesen eine Plenumsphase zur Ergebnissicherung durchzuführen.

Als sinnvoll erwiesen hat es sich, zumindest die Rollenkarten für jede Gruppe zu laminieren, damit diese länger halten und gegebenenfalls zu einem späteren Zeitpunkt für einen anderen Text noch einmal verwendet werden können. Die Methode »Teamlesen« eignet sich ebenso gut zur Erschließung von literarischen Texten. So kann das Teamlesen auch genutzt werden, um die Schüler Textpassagen aus dem Roman erschließen zu lassen.

*Hinweis zur Differenzierung:* Anstatt die Erschließung des Sachtextes mit der etwas aufwändigeren Methode des »Teamlesens« zu organisieren, können insbesondere leistungsstärkere Schüler den Sachtext eigenverantwortlich in Stillarbeit lesen und sich die Inhalte erarbeiten. In diesem Fall ist es notwendig, dass den Schülern bereits Techniken der Texterschließung (z. B. Markieren, Zwischenüberschriften) bekannt sind.

*Hinweis für die Lehrkraft:* In der Rezension von T. A. Wegberg sind eine Ungenauigkeit in Zeile 29 f. und ein inhaltlicher Fehler in Zeile 54 enthalten. Diese sollten von den Schülern selbst bemerkt werden oder die Schüler sollten durch die Lehrkraft darauf hingewiesen werden. Darius bekommt von D-Air lediglich „eine braune Uniformjacke" (S. 80, Z. 35) als Dienstkleidung. Des Weiteren heißt das kleine Mädchen, das in Darius' letztem Einsatz für D-Air zu dem Terroristen läuft, nicht Kira, wie die Sekretärin von D-Air, sondern bleibt namenlos. (vgl. S. 200)

→ LH S. 75–76

## Den Text *Tropfen* untersuchen und zusammenfassen M6

Auf dem Arbeitsblatt **M 6** wird die Kurzgeschichte *Tropfen* des israelischen Schriftstellers und Drehbuchautors Etgar Keret nebst Aufgaben dargeboten. Der erste Satz der Kurzgeschichte wird in dem Roman *Der Drohnenpilot* bei dem Social-Reading-Event, das Darius und Evelyn besuchen, zitiert. (vgl. S. 93, Z. 28–29) Die Kurzgeschichte stellt also einen intertextuellen Bezug im Roman dar.

Der Aufgabenteil enthält Aufgaben zur Überprüfung von Textsortenkenntnissen (Aufgabe 1), Aufgaben zur Inhalts- und Verständnissicherung (Aufgabe 2 und 4), Aufgaben zum Zitieren (Aufgabe 3) und Aufgaben, bei denen orthografische Operationen am Text vorgenommen werden müssen (Aufgabe 5). Die Aufgabe 6 ist eine Schreibaufgabe zum zusammenfassenden Schreiben (Inhaltsangabe mit erweiterter Aufgabenstellung). In der erweiterten Aufgabenstellung sollen die Schüler sich begründend mit der Frage auseinandersetzen, ob es sinnvoll ist, Gefühle mit Medikamenten zu betäuben. Die letzte Aufgabe (Aufgabe 7) wirft eine Frage mit Öffnung zur Ganzschrift auf. In dieser Aufgabe wird der Bezug der Kurzgeschichte zum Roman hergestellt, wodurch die Schüler zu einer vertiefenden Auseinandersetzung mit den Texten angeregt werden sollen.

Das Material M 6 kann darüber hinaus für einen großen schriftlichen Leistungsnachweis (GLN) verwendet werden.

## Der erste Eindruck zählt! – Buchcover untersuchen und vergleichen

*Wenn du in einer Buchhandlung oder im Internet nach Büchern stöberst, fällt dir immer zuerst das Cover der Bücher ins Auge, noch bevor du zum Buch greifst und den Klappentext auf der Rückseite des Buchumschlages liest. Für einen Verlag ist es daher sehr wichtig, ein interessant gestaltetes Cover zu entwerfen, um potentielle Kunden auf das Buch aufmerksam zu machen. Das Cover ist sozusagen der Appetitanreger für den Leser. Unten ist neben dem Cover der deutschen Taschenbuchausgabe das der deutschen Schulbuchausgabe zu Thorsten Neschs Roman ‚Der Drohnenpilot' abgebildet.*

**➲ Aufgabe 1**

Auf den ersten Blick! Welches Cover kommt bei euch in der Klasse am besten an? Holt ein spontanes Meinungsbild ein und stimmt ab. Haltet das Abstimmungsergebnis schriftlich fest, ohne eure Entscheidung weiter zu begründen.

**Deutsche Taschenbuchausgabe**
© Mixtvision Verlag, 2017.

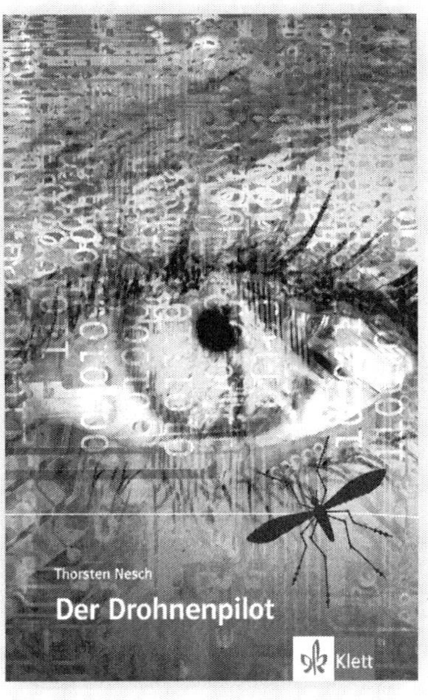


**Deutsche Schulbuchausgabe**
Thorsten Nesch: *Der Drohnenpilot*,
ISBN 978-3-12-666921-4. © Ernst Klett Sprachen GmbH, Stuttgart 2019.

**➲ Aufgabe 2**

Vergleicht die beiden Covergestaltungen zum Roman *Der Drohnenpilot*. Bearbeitet dazu die folgenden Teilaufgaben in Partnerarbeit. Haltet eure Ergebnisse schriftlich fest.

a) Seht euch die zwei Cover genau an und beschreibt die Bestandteile und die Farbgestaltung.
b) Entscheidet euch für geeignete Kriterien, mit denen sich die beiden Cover vergleichen lassen. Welche Covergestaltung gefällt euch besser? Seid ihr einer Meinung? Begründet eure Entscheidung schriftlich.

**➲ Aufgabe 3**

Stimmt erneut in der Klasse darüber ab, welches Cover am besten ankommt. Hat sich im Vergleich zu eurer ersten Abstimmung etwas an dem Ergebnis geändert? Begründet nun eure Präferenz für ein bestimmtes Cover.

**➲ Aufgabe 4 (Wahlaufgabe)**

Lass dich von deinem Lieblingscover inspirieren und schreibe dazu eine thematisch-inhaltlich passende Kurzgeschichte oder ein Gedicht.

# Ein Kreuzworträtsel über den Roman lösen

➲ **Aufgabe**

Trage die Antworten in das Kreuzworträtselfeld auf der nächsten Seite ein. Wenn du alle Rätselfragen richtig beantwortest, erhältst du als Lösungswort einen Begriff, der mit dem Roman zu tun hat.

***Hinweis:*** *Die gesuchten Lösungen müssen in diesem Kreuzworträtsel gemäß der üblichen Rechtschreibung als Umlaute Ä, Ö, Ü eingetragen werden. Das ß muss als SS geschrieben werden.*

1. In welchem Club feiert Darius seinen 18. Geburtstag?
2. Wie heißen die Tabletten, die Darius gegen seine Halluzinationen nimmt?
3. Welches Jobangebot erhoffte sich Darius anfänglich von D-Air?
4. Welches Laster hat Darius' Vater?
5. Was ist Darius' und Evelyns Lieblingsort?
6. Wie lautet der Name des Computerspiels, das Darius am liebsten zockt?
7. Welches Erinnerungsstück an seine Mutter trägt Darius immer bei sich?
8. Wovon leben Darius und sein Vater seit drei Jahren?
9. Wie heißt der andere Drohnenpilot von D-Air, den Darius um Rat fragt?
10. Nach was riecht es im Container von D-Air immer?
11. Wo hat Herr Spiess seinen linken Arm verloren?
12. Welche Art von Kaffee trinkt Darius gern?
13. Wie nennt Herr Spiess das Medikament gegen die Pilotenhallus beschönigend?
14. Als was bezeichnet Sven Darius abwertend?
15. Von welchen mechanischen Tieren werden die Schwanenteich-Aktivisten überrascht?
16. In welchem Bereich arbeitet Evelyn?
17. Was erhält Darius von D-Air als Belohnung für seine Verdienste?
18. Von wem erhalten die Drohnenpiloten von D-Air ihre Befehle?
19. Wie heißen die als Dreck oder Müll getarnten Mini-Drohnen von D-Air?
20. Welches Auto fährt Herr Spiess?

# DER DROHNENPILOT

LÖSUNGSWORT

| 1 | 2 | 3 | 4 | 5 | 6 | 7 | 8 | 9 | 10 | 11 | 12 | 13 |
|---|---|---|---|---|---|---|---|---|---|---|---|---|
|  |  |  |  |  |  |  |  |  |  |  |  |  |

# Ein Gespräch untersuchen

Gespräch zwischen ______________________ und ______________________
*Romanfigur 1* *Romanfigur 2*

**➲ Aufgabe 1**

Lies den Dialog, den die beiden Figuren auf Seite ____ bis ____ miteinander führen, und untersuche die Gesprächssituation. Halte deine Ergebnisse in der Tabelle fest.

| | | |
|---|---|---|
| **Gesprächstyp** (z. B. Small Talk, Verhör, Konflikt-, Enthüllungs-, Entscheidungsgespräch) | | |
| **Gesprächsanlass** | | |
| **Gesprächsthema/-themen** | | |
| **Gesprächsverlauf und Gesprächsverhalten** (z. B. Wer führt/lenkt/beherrscht das Gespräch? Wie sind die Redeanteile verteilt? Wie reagieren die Gesprächspartner aufeinander? Wie gehen sie miteinander um? Gibt es Kommunikationsstörungen? Welche Charaktereigenschaften werden in dem Gespräch deutlich? | *Figur 1* | *Figur 2* |
| **Sprache der Figuren** (z. B. Sprachform, Sprachstil, Stilmittel, Redestrategien, sprachliche Besonderheiten/Eigenarten) | | |
| **Gesprächsziel** (Welche Intention verfolgen die Gesprächspartner?) | | |
| **Gesprächsergebnis** | | |

**➲ Aufgabe 2**

Beurteile, inwiefern dieses Gespräch die Beziehung der Gesprächspartner widerspiegelt und welche Bedeutung das Gespräch für die Entwicklung der Beziehung der beiden hat.

## Bewertungsraster und Checkliste für eine Gesprächsanalyse

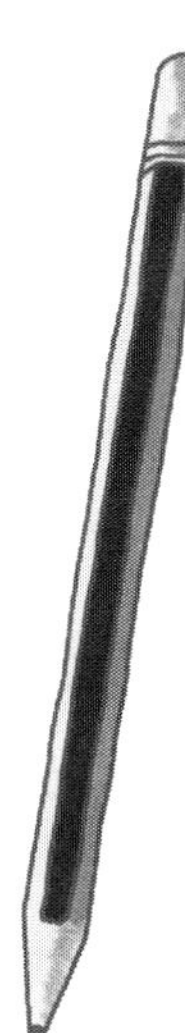

| *Rückmeldebogen für deine **Gesprächsanalyse*** | | ☹ | 🙂 | 😊 |
|---|---|---|---|---|
| **Kriterien für die Bewertung der inhaltlichen Darstellungsleistung** | | | | |
| **Einleitung** | • Sind Autor, Titel, Textsorte/Gattung und Entstehungsjahr genannt?<br>• Ist das Thema des Gesprächs/des Romanausschnitts möglichst präzise formuliert? | | | |
| **Hauptteil** | • Ist die Inhaltsangabe des Romanausschnitts so kurz wie möglich, aber so ausführlich wie nötig?<br>• Ist der Romanausschnitt in den Romankontext eingeordnet?<br>• Ist die Gesprächssituation beschrieben?<br>• Ist die Beziehung der Figuren beschrieben?<br>• Ist der Gesprächsverlauf dargestellt?<br>• Ist die Gesprächsart benannt?<br>• Ist die Redeorganisation dargestellt?<br>• Sind Gesprächsstörungen, sofern vorhanden, erwähnt?<br>• Ist der Sprachstil erwähnt?<br>• Sind die sprachlichen Handlungen dargestellt?<br>• Wird ggf. auf stilistische Mittel und ihre Funktion eingegangen? | | | |
| **Schluss** | • Wird ein Fazit gezogen, das auf die wesentlichen Aspekte der Deutung eingeht?<br>• Erfolgt eine persönliche Einschätzung und Beurteilung des Dialogs? | | | |
| **Kriterien für die Bewertung der formalen und sprachlichen Darstellungsleistung** | | | | |
| **Aufbau** | • Ist eine Ordnung/Gliederung in Gedanken und Aufbau des Aufsatzes erkennbar?<br>• Ist der Aufsatz nicht nur aufzählend, sondern zeigt er auch eine innere Entwicklung („roter Faden") auf? | | | |
| **sprachliche Gestaltung** | • Wurde auf eine sachliche und präzise Formulierung geachtet?<br>• Sind an geeigneten Stellen Textbelege/Zitate angeführt?<br>• Werden Wortwiederholungen vermieden?<br>• Ist der Satzbau abwechslungsreich? | | | |
| **sprachliche Richtigkeit** | • Ist der gesamte Aufsatz im Präsens (ggf. Perfekt) geschrieben?<br>• Sind die Textbelege korrekt als direkte oder indirekte Zitate in den eigenen Satzbau integriert?<br>• Sind orthografische Mängel (Rechtschreibung und Zeichensetzung) die Ausnahme?<br>• Ist der Aufsatz frei von grammatikalischen Fehlern und Fehlern im Satzbau? | | | |

**➲ Aufgabe 1**

a) Lies den Sachtext *Wer bin ich eigentlich? – Die eigene Identität hinterfragen.*

b) Beantworte die dazugehörigen Leitfragen in vollständigen Sätzen.

## Wer bin ich eigentlich? – Die eigene Identität hinterfragen

Der Begriff ‚Identität' bezeichnet all jene Eigenschaften, die ein Individuum als solches kennzeichnen und es so von anderen abgrenzen. Die Frage ‚Wer bin ich?' stellt sich der Mensch nicht nur einmal in seinem Leben und die Antworten fallen nicht immer gleich aus. Auch soziale Erwartungen, wann man im Leben was erreicht haben soll, beeinflussen die Bestimmung des eigenen Ichs. Wichtige Themen sind dabei unter anderem Ausbildung, Beruf, Familie und Partnerschaft. Und je nach Alter verändert sich das eigene Ich, da wir Erfahrungen sammeln, die uns beispielsweise reifen lassen, die uns sehr nahegehen, die unsere Taten hinterfragen lassen oder uns zum Umdenken bewegen und die uns in irgendeiner Form Entwicklung bringen und uns prägen.

Die Frage nach der eigenen Identität wird für das Individuum vor allem im Prozess des Erwachsenwerdens zum Thema. In dieser Zeitspanne ist die Bildung des Selbst auf ihrem Höchstpunkt. Die eigene Identität wird nach und nach gefestigt. Auf dem Weg dorthin ist es keineswegs unüblich, dass Jugendliche unsicher werden oder von dem ursprünglich eingeschlagenen Weg abkommen und in verschiedene Rollen schlüpfen, um sich auszuprobieren. Hier orientieren sie sich üblicherweise an ‚Vorbildern', mit denen sie sich identifizieren können oder die sie auf irgendeine Art und Weise inspirieren. Das können Eltern oder andere Verwandte sein, genauso auch Freunde, Lehrer oder Personen des öffentlichen Lebens wie Sportler, Musiker oder Politiker.

Zum Thema ‚Ich-Bildung' gehört auch die Frage nach Dingen, die einem im Leben wichtig sind. Für die Selbstdefinition werden Alleinstellungsmerkmale herangezogen, welche die Einzigartigkeit des Individuums ausmachen.

Die Grafik nennt in diesem Zusammenhang die wichtigsten Punkte für Jugendliche. Bei den 14- bis 22-Jährigen ist deutlich zu erkennen, dass Themen wie Eigenverantwortlichkeit, Erfüllung und Anerkennung im Beruf oder Verantwortung übernehmen beispielsweise aufgrund von sozialen Anforderungen für die jungen Menschen bedeutsam sind.

Im Prozess des Erwachsenwerdens sind, wie aus der Grafik ersichtlich, der Start in das Berufsleben sowie der Aufbau einer Partnerschaft enorm wichtig. Die jeweiligen Einstellungen zu den entsprechenden Bereichen sagen noch einmal auf einer anderen Ebene sehr viel über das eigene Ich aus. Es werden individuelle Wertvorstellungen, übernommene Verhaltensmuster usw. deutlich.

Quelle: Informationen entnommen aus https://causa.tagesspiegel.de/gesellschaft/lebenszeiten-wie-praegen-die-jahrzehnte-unsere-identitaet/wer-ich-bin-und-wenn-ja-wannnbsp.html [eingesehen am 06.07.2020]

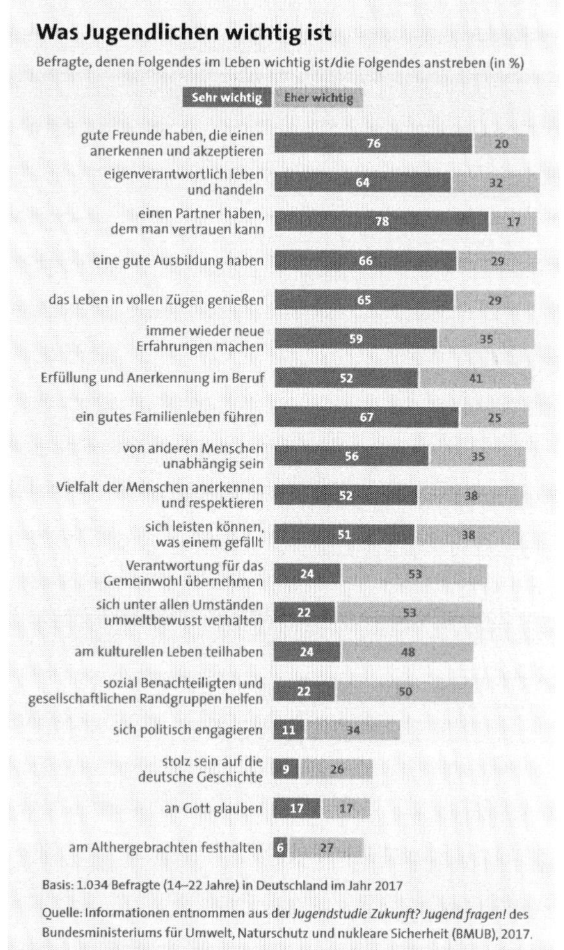

## Einen Sachtext Schritt für Schritt anhand von Leitfragen erschließen

**Leitfragen 1: Diese Fragen kannst du mithilfe von Textinformationen, die an einzelnen Stellen im Text zu finden sind, beantworten.**

a) Was ist unter dem Begriff ‚Identität' zu verstehen?

b) In welcher Lebensphase ist dem Menschen die Frage ‚Wer bin ich?' besonders präsent?

c) Nenne drei Punkte, die Jugendlichen der Grafik zufolge im Leben wichtig sind.

- 
- 
- 

**Leitfragen 2: Diese Fragen kannst du mithilfe von Textinformationen und deinem eigenen Wissen beantworten.**

a) Erläutere, warum sich die Frage nach der eigenen Identität dem Menschen mehrfach im Leben stellt.

b) Erläutere, warum für Jugendliche gute Freunde so wichtig sind.

**Leitfragen 3: Diese Fragen kannst du beantworten, wenn du zu den Aussagen Stellung nimmst und deine Entscheidungen begründest.**

a) Hast du selbst auch ein Vorbild, welches dich inspiriert? Erkläre, warum du gerade diese Person ausgewählt hast.

b) Welche drei Dinge aus der Grafik sind dir im Leben besonders wichtig? Begründe deine Meinung.

- 
- 
- 

**Aufgabe 2**

a) Welche Form der grafischen Darstellung wurde für die statistischen Angaben im Schaubild *Was Jugendlichen wichtig ist* verwendet? Kreuze an.

☐ Kreisdiagramm ☐ Balkendiagramm ☐ Tabelle

☐ Säulendiagramm ☐ Kurvendiagramm

b) Worüber gibt die Grafik im Einzelnen Auskunft? Werte die Grafik aus, indem du

- das Thema der Grafik benennst,
- die Gruppe der Befragten angibst und
- die wesentlichen Aussagen mit eigenen Worten zusammenfasst.

Schreibe in dein Deutschheft.

**Aufgabe 3**

a) Erläutere, inwiefern Darius mit seinem Job als Drohnenpilot von seinem Weg zu seiner eigentlichen Identität zwischenzeitlich abkommt.

b) Welche der im Sachtext genannten Dinge strebt Darius an? Erläutere zwei der Dinge, die ihm wichtig sind, genauer.

Schreibe die Antworten zu a) und b) in dein Deutschheft.

## ,Teamlesen' – Gemeinsam sind wir lesestark!

**Was versteht man unter ,Teamlesen'?**

### Wissensbox

Das Teamlesen (auch reziprokes Lesen genannt) ist eine Methode des *kooperativen Lernens* zur gemeinsamen Erschließung eines längeren, meist anspruchsvollen (Sach-)Textes mit einer Gruppe. Beim Teamlesen nimmt jedes Teammitglied nacheinander vier verschiedene Rollen/Aufgaben wahr:

❶ *Zusammenfassen*
❷ *Fragen stellen*
❸ *Erklären*
❹ *Vorhersagen*

Ziel des Teamlesens ist es, einen Text gemeinsam zu ,knacken'. Jeder Einzelne aus der Gruppe trägt somit seinen Teil dazu bei, dass seine Teammitglieder den Text am Ende verstanden haben.

**Wie läuft das ,Teamlesen' ab?**

**1. Arbeitsschritt (Gruppenbildung und Textgliederung)**
Bildet Vierergruppen und teilt den zu lesenden (Sach-)Text in vier ungefähr gleich große Leseportionen (Textabschnitte) ein.

**2. Arbeitsschritt (Aufgabenverteilung und Textarbeit)**
Schneidet die vier Rollenkarten für das ,Teamlesen' aus und schaut euch gemeinsam an, welche Rollen es gibt und welche Aufgaben damit verbunden sind. Verteilt dann die Rollenkarten in eurer Gruppe.

***Hinweis:*** *Es ist im Prinzip egal, wer zu Beginn welche Rollenkarte bekommt, da im Laufe der Gruppenarbeit sowieso jeder jede Rolle einmal innehat.*

Nun beginnt die eigentliche Arbeit mit dem Text. Nachdem alle aus der Gruppe den ersten Textabschnitt still gelesen haben, erledigt jedes Teammitglied der Reihe nach seinen Job: ❶ → ❷ → ❸ → ❹. Anschließend werden die Rollenkarten reihum (z. B. im Uhrzeigersinn) weitergegeben und der nächste Textabschnitt wird still gelesen usw. Dieser Vorgang wird sooft wiederholt, bis der gesamte Text erschlossen ist.

***Hinweis:*** *Alternativ können alle Textabschnitte auch nacheinander laut von einem anderen Gruppenmitglied vorgelesen werden. Fragt eure Lehrerin bzw. euren Lehrer, wie ihr es machen sollt.*

**3. Arbeitsschritt (Plenumsphase und vertiefende, weiterführende Aufgaben)**
Sobald alle Leseteams den Text erarbeitet haben, ist es meist sinnvoll, eine kurze Plenumsphase anzuschließen, in der ihr euch über gegebenenfalls offene Fragen mit der gesamten Klasse austauschen könnt. Danach können von eurer Lehrerin bzw. eurem Lehrer noch vertiefende und weiterführende Aufgaben zum Text gestellt werden, die zu bearbeiten sind.

***Hinweis:*** *Ein vertiefender oder weiterführender Arbeitsauftrag kann in Einzel-, Partner- oder Gruppenarbeit erledigt werden. Klärt mit eurer Lehrerin bzw. eurem Lehrer, bevor ihr mit der Arbeit beginnt, wie ihr es machen sollt.*

## Rollenkarten für das ‚Teamlesen'

***Tipp:*** *Laminiert die Rollenkarten, wenn ihr die Möglichkeit dazu habt. Dann werden die Rollenkarten geschont und ihr könnt sie öfters wiederverwenden.*

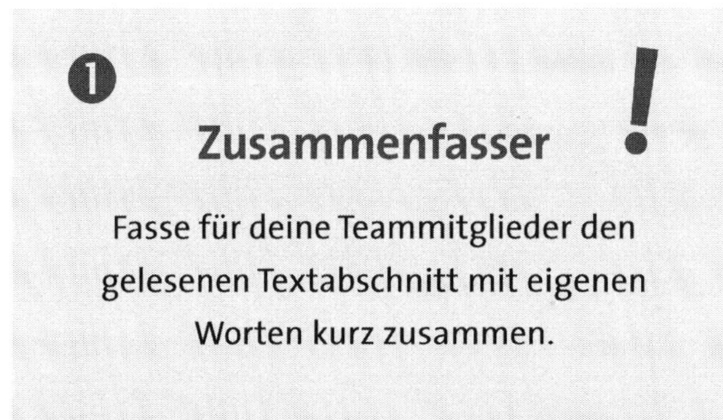


2

**Fragensteller**

Formuliere Fragen, die deine Teammitglieder mithilfe des gelesenen Textabschnittes beantworten können.

3

**Erklärer**

Erkläre deinen Teammitgliedern die Bedeutung schwieriger Wörter und unklare Textstellen so, dass sie sie verstehen.

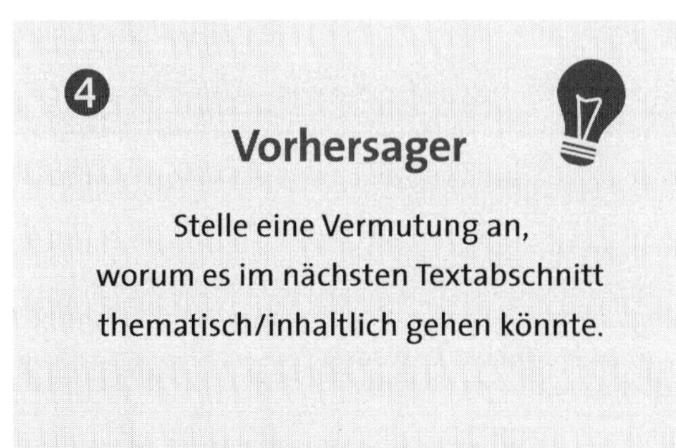

## Nesch, Thorsten: *Der Drohnenpilot*

*von T. A. Wegberg*

Für einen begeisterten Videogamer kann es kaum etwas Verlockenderes geben, als diese Tätigkeit zum Beruf zu machen und dafür auch noch gutes Geld zu bekommen. Doch Darius' Einsätze bei der Firma D-Air sind keine Simulationen, sondern Realität. Allmählich erkennt er, dass die ablehnende Skepsis seiner Freundin Evelyn berechtigt ist, denn hier geht es nicht nur um Schutz- und Sicherheitsaufgaben, sondern hier wird auch auf Menschen geschossen.

*Der Drohnenpilot* spielt in einer nicht allzu fernen Zukunft, in der das bedingungslose Grundeinkommen bereits Realität ist. Arbeitsplätze sind rar, einige von Darius' Freunden arbeiten im fernen Ausland. Er selbst hat nach der Schule keinen Job gefunden und verbringt seine Tage mit Zocken – *Raid* heißt das Computerspiel, bei dem Drohnen gesteuert werden müssen und in dem er es zu höchster Perfektion bringt.

Seine Freundin Evelyn dagegen ist politisch engagiert und setzt sich für den Erhalt des Schwanenteichs ein, der einer Straßenerweiterung weichen soll. Sie nimmt an Demos und Sitzblockaden teil, während Darius seine ersten Arbeitstage bei D-Air erlebt, der Firma hinter *Raid*, die Sicherheits- und Aufklärungsflüge mit ferngelenkten Drohnen durchführt.

Er verdient ein gutes Gehalt, bekommt Kleidung und eine luxuriöse Wohnung zur Verfügung gestellt, findet Gefallen an Clubs und Szenerestaurants. Dass er immer häufiger auch in seiner Freizeit an akustischen und manchmal auch optischen Halluzinationen leidet, sei eine normale Begleiterscheinung seiner hochkonzentrierten Arbeit, sagt man ihm – und gibt ihm auch gleich die passenden Tabletten dagegen.

Darius ist überzeugt, dass er zu den „Guten" gehört, dass seine Einsätze lediglich Rettungs- und Sicherungszwecken dienen, denn so erklärt es ihm sein netter Chef. Wochenlang lässt Darius sich von den Annehmlichkeiten verführen, die seine neue Arbeit mit sich bringt. Evelyn jedoch ist entsetzt, als sie von seiner Tätigkeit erfährt, und will nichts mehr mit ihm zu tun haben. Ein erster Zweifel ist gesät. Hat sie Recht? Oder ist das nur eine Überreaktion?

Dann muss Darius einen Einsatz gegen einen angeblichen Terroristen fliegen, zum ersten Mal muss er einen Menschen beschießen. Und dieser Mann ist nicht allein – ein kleines Mädchen namens Kira begleitet ihn.

Darius will sich weigern, aber das gelingt ihm nicht. So bleibt ihm nur, anschließend sofort zu kündigen. Er flüchtet von seinem Arbeitsplatz und sucht Schutz bei der Gruppe von Demonstranten für den Schwanenteich, die im Stadtpark kampiert. D-Air sucht nach ihm, denn er ist vertraglich verpflichtet und außerdem ein Geheimnisträger, er kann nicht einfach gehen. Darius wird zum Gejagten. Gemeinsam mit Evelyn muss er seine Kenntnisse nutzen, um den alles sehenden Drohnen zu entkommen.

*Der Drohnenpilot* ist spannend geschrieben und erhält durch die Ich-Perspektive noch größere Unmittelbarkeit. Literarischer Anspruch steht hier nicht im Mittelpunkt, es geht schwerpunktmäßig um das Erzählen einer Geschichte, um Darius' Entwicklung vom kontaktarmen Loser hin zum erfolgreichen Drohnenpiloten und schließlich zum Aussteiger. Das ist nachvollziehbar und glaubwürdig vermittelt. Auch die Nebenfiguren – Evelyn, Darius' Vater, der D-Air-Vorgesetzte Spiess – sind lebendig und stimmig gezeichnet, lediglich die mysteriöse Kira bleibt etwas blass und ist nicht ganz eindeutig in ihrer Funktion.

Wenig Zweifel bleiben an der moralischen Positionierung: Die Mächtigen missbrauchen ihre Macht, um die Meinungsfreiheit zu unterdrücken und mit Gewalt gegen Andersdenkende vorzugehen, Angriffe werden zynisch als Schutzmaßnahmen verbrämt, und bei ihren Überwachungsmaßnahmen schrecken Firmen wie D-Air vor nichts zurück. Das ist sehr offensichtlich und vielleicht ein bisschen zu polarisierend, entspricht aber dem politischen Mainstream.

Faszinierend sind die technischen Aspekte des Romans, die mit viel Liebe zum Detail beschrieben werden. Welche Möglichkeiten Drohnen eröffnen, welche umfassende Überwachung damit theoretisch möglich ist – darüber wird man sich nach der Lektüre dieses Buches sicher Gedanken machen. Und in der Verknüpfung zu Computerspielen werden gerade männliche Leser sich gut wiederfinden.

Die Liebesgeschichte, vor deren Hintergrund sich die Handlung entfaltet, spielt eine untergeordnete Rolle und ist womöglich ein bisschen bemüht (warum verliebt die engagierte Evelyn sich überhaupt in den langweiligen, introvertierten Zocker Darius?), was der Spannung aber nicht weiter schadet. Erst durch Evelyns kompromisslose Ablehnung von Darius' neuer Arbeit – die an sich reichlich übertrieben ist und zudem auf Vorurteilen beruht – wird die spätere Entwicklung überhaupt möglich, insofern hat sie erzählerisch gesehen ihre Berechtigung und ist auch durchaus realistisch.

Das actionreiche Finale, bei dem die Demonstranten im Stadtpark massiver staatlicher Gewalt ausgesetzt werden und das mit einigen futuristischen Schreckensszenarien aufwartet, ist überaus spannend und hat Filmpotenzial.

Die Covergestaltung macht neugierig und vermittelt genau die latente Bedrohlichkeit, die auch im Roman transportiert wird.

Quelle: Abdruck erfolgt mit freundlicher Genehmigung des Autors © T. A. Wegberg von http://boysandbooks.de/ [eingesehen am 06.07.2020]

## **Tropfen** (1996)

*von Etgar Keret (* 1967)*

Meine Freundin sagt, in Amerika habe jemand ein Mittel gegen das Gefühl von Einsamkeit erfunden. Sie hat gestern in »Sechzig Sekunden« auf der Militärwelle davon gehört, und jetzt schickt sie gleich einen Expressbrief an ihre Schwester, damit sie ihr eine Kiste davon besorgt und mit der Post zurückschickt. In den »Sechzig Sekunden« sagten sie, an der Ostküste sei es überall zu kaufen und in New York bereits der Hit. Es sei in zweierlei Form zu haben – als Tropfen oder als Spray. Meine Freundin hat sich Tropfen gewünscht, sie möchte sich nicht einsam fühlen, aber auch nicht gerade die Ozonschicht beschädigen.

Die Tropfen träufelt man sich ins Ohr, und innerhalb von zwanzig Minuten hört man auf, sich einsam zu fühlen. Es wirkt auf irgendeine Substanz im Hirn ein, erklärten sie im Radio, aber meine Freundin hat es nicht verstanden. Sie ist nicht gerade eine Marie Curie[1], meine Freundin, sie ist sogar ein bisschen dämlich. Die ganze Zeit sitzt sie bloß rum und meint, ich will sie betrügen und verlassen und so Zeug. Aber ich liebe sie, liebe sie wie verrückt. Jetzt ist sie von der Post zurück und sagt, sie könnte eigentlich aufhören, mit mir zusammenzuleben. Denn die Tropfen würden in Nullkommanichts ankommen, und sie fürchte sich nicht mehr vorm Alleinsein.

Mich verlassen?, sage ich. Für Tropfen? Warum? Ich liebe sie doch, liebe sie wie verrückt. Geh, wenn du willst, sage ich zu ihr, aber dass du's nur weißt, keine stinkigen Ohrentropfen der Welt werden dich je so lieben, wie ich dich geliebt habe. Nur dass Ohrentropfen sie eben auch nie betrügen werden. Sagt sie und geht. Als ob ich das tun würde.

Jetzt hat sie sich eine Dachwohnung in der Florentinstraße gemietet und wartet jeden Tag auf den Briefträger. Ich dagegen, ich erwarte keine Post, ich habe nichts zum Aufregen, ich habe auch keine Freunde im Ausland, die mir Sachen schicken würden. Wenn ich welche hätte, wäre ich schon längst zu ihnen gefahren. Ich würde mit ihnen zusammen etwas trinken gehen und ihnen von meinen Sorgen erzählen. Wir würden uns viel umarmen, und ich würde mich nicht schämen, mich bei ihnen auszuweinen und so Zeug. Jahre könnten wir so verbringen, unser ganzes Leben. Natur pur, besser als Tropfen.

Quelle: Keret, E. (1998). *Gaza Blues.* Frankfurt am Main: Fischer Verlag.

**1 *Marie Sklodowska Curie*** *(1876–1934)* polnische Naturwissenschaftlerin, gewann als erste Frau den Nobelpreis in Physik und Chemie

### ➲ Aufgabe 1

Bestimme die Textsorte des vorliegenden Textes.
Kreuze an und begründe deine Wahl.

☐ Bericht ☐ Interview ☐ Leserbrief ☐ Kurzgeschichte

**Begründung:**

# Den Text *Tropfen* untersuchen und zusammenfassen

### ➲ Aufgabe 2

Kreuze die richtige Antwort an.

Im Text erfährst du etwas darüber,

- ☐ wie ein Mann und seine Freundin sich kennenlernen.
- ☐ wie eine Frau von ihrem Lebenspartner betrogen wird.
- ☐ wie eine Frau versucht, ihr Alleinsein zu bekämpfen.
- ☐ wie das Mittel gegen das Gefühl von Einsamkeit im Hirn genau wirkt.

Schreibe die Antworten zu den nachfolgenden Aufgaben in vollständigen Sätzen in dein Deutschheft.

### ➲ Aufgabe 3

Schreibe jeweils den Satz aus dem Text heraus, der zu den folgenden Aussagen passt.

***Hinweis:*** *Achte auf die richtige Zitierweise.*

a) Bei dem Mittel handelt es sich um Ohrentropfen, die nach Anwendung in weniger als einer halben Stunde wirken.
b) Die Freundin des Ich-Erzählers ist nicht besonders intelligent.
c) Die Freundin hat sich vom Ich-Erzähler getrennt und lebt in einer neuen Wohnung.

### ➲ Aufgabe 4

a) „Nur dass Ohrentropfen sie eben auch nie betrügen werden.“ (Z. 21)
Erkläre, warum die Frau dies sagt.

b) „Natur pur, besser als Tropfen.“ (Z. 28)
Erkläre, was der Freund damit meint.

### ➲ Aufgabe 5

Im dritten Druckabschnitt des Textes (vgl. Z. 19–22) hat der Autor Etgar Keret auf die Anführungszeichen bei der wörtlichen Rede verzichtet.

a) Beschreibe, was dies beim Lesen bewirkt.
b) Schreibe den Druckabschnitt ab und setze die Anführungszeichen bei der wörtlichen Rede richtig.

### ➲ Aufgabe 6

Fasse den Inhalt dieses Textes zusammen. Beginne deine Inhaltsangabe mit einem Einleitungssatz. Beurteile im Schlussteil die Absicht der Frau, ihr Gefühl von Einsamkeit mit einem Medikament betäuben zu wollen.

### ➲ Aufgabe 7

Der Autor Thorsten Nesch hat den ersten Satz des Textes *Tropfen* in seinem Roman *Der Drohnenpilot* (vgl. S. 93, Z. 28 f.) zitiert.
Stelle eine Vermutung an, warum dieser Satz im Roman Erwähnung findet. Überlege dir dazu, ob es Figuren in dem Roman gibt, die ein ähnliches Schicksal teilen, wie die Figuren des Textes *Tropfen*.

# Klassenarbeit

## Interpretierendes Schreiben

Textauszug

„»Was?«, fragte ich. „»Das waren deine neuen Freunde«, antwortete sie, ohne mich anzuschauen. [...] »Das ist mein Job. Ich bin bei dir. Jetzt«, sagte ich und klang kleinlaut in meinen Ohren.“ (S. 73, Z. 31–S. 74, Z. 32)

Sieh dir den gesamten Textauszug in deiner Lektüre noch einmal genau an, bevor du mit dem Bearbeiten der Aufgaben beginnst.

**Aufgabe 1**

Welche Aussagen in Bezug auf den Roman treffen zu, welche nicht? Kreuze an.

| Aussage | richtig | falsch |
|---|---|---|
| ❶ Darius und dessen Vater leben zu Beginn der Romanhandlung von ihrem Grundeinkommen. | | |
| ❷ Darius' Vater hat nach dem Tod seiner ersten Frau noch einmal geheiratet. | | |
| ❸ Evelyn hat ein sehr negatives Bild vom Beruf des Drohnenpiloten. | | |
| ❹ Darius könnte sich vorstellen, irgendwann noch einmal für D-Air zu arbeiten. | | |

**Aufgabe 2**

Ordne die Textstelle in den Gesamtzusammenhang des Romans ein.

**Aufgabe 3**

Erläutere, wieso Darius sich in dieser Situation „mies“ (S. 74, Z. 15) fühlt.

**Aufgabe 4**

Erkläre, warum Darius der Meinung ist, Evelyn werde sein Handeln niemals entschuldigen.

**Aufgabe 5**

Nach Darius' erster Arbeitswoche und der Auseinandersetzung mit Evelyn trifft Darius abends zu Hause auf seinen Vater:

Er warf mir einen Blick zu, mit dem die bösen Einheimischen in Filmen den fremden Neuankömmling im Dorf mustern. »Na, Hauptsache trocken«, lenkte ich ein. »Wenn ich eins nicht mag, ist es in nassen Klamotten mit der Straßenbahn zu fahren. Stinkt wie sonst was.« Er lächelte. »Wie gefällt dir dein erstes Wochenende nach der Arbeit?« Ich könnte kotzen. »Toll.« »Ein ganz neues Gefühl, nicht wahr?« (S. 95, Z. 16–24)

a) Bestimme eines der beiden unterstrichenen sprachlichen Gestaltungsmittel. Erkläre, was damit gemeint ist, und erläutere seine Funktion.

Gestaltungsmittel: __________

Bedeutung und Funktion: __________

b) Beschreibe und erkläre Darius' Stimmung in dieser Textstelle.

c) Erläutere, warum Darius seinem Vater nicht die Wahrheit über seinen Gemütszustand sagt.

**Aufgabe 6**

Stelle dar, wie sich Darius im Verlauf der Handlung entwickelt.

Gehe dabei auf folgende Punkte ein:

- Darius' Charaktereigenschaften
- Darius' Verhältnis zu seinem Vater
- Darius' Einstellung zu D-Air

Beurteile im Schluss Evelyns Rolle für Darius' Entwicklung und begründe deine Meinung.
Schreibe in dein Klassenarbeitsheft.

***Hinweise:*** *Baue deine Ausführungen so auf, dass ein in sich geschlossener Text mit Einleitung, Hauptteil und Schluss entsteht. Belege deine Aussagen mit treffenden Textstellen. Achte darauf, die Textbelege korrekt zu zitieren.*

# Erwartungshorizont zur Klassenarbeit

## Interpretierendes Schreiben

### ➲ Aufgabe 1

| Aussage | richtig | falsch |
|---|---|---|
| ❶ Darius und dessen Vater leben zu Beginn der Romanhandlung von ihrem Grundeinkommen. | X | |
| ❷ Darius' Vater hat nach dem Tod seiner ersten Frau noch einmal geheiratet. | | X |
| ❸ Evelyn hat ein sehr negatives Bild vom Beruf des Drohnenpiloten. | X | |
| ❹ Darius könnte sich vorstellen, irgendwann noch einmal für D-Air zu arbeiten. | | X |

### ➲ Aufgabe 2

**vor der Textstelle:**

- Darius hat an seinem ersten Arbeitstag für D-Air einen Auftrag bekommen: Er hat den Schwanenteich anfliegen sollen, um die Aufmerksamkeit der Demonstranten auf seine Drohne zu lenken, damit diese von der Crowd Control überrascht werden können.
- Darius kommt gerade hinzu, als die Demonstranten die Spuren des Drohnenangriffs beseitigen und Evelyn eine Verletzte versorgt.

**nach der Textstelle:**

- Evelyn diskutiert mit Darius über die Arbeit als Drohnenpilot.
- Evelyn beichtet ihre Angst während des Angriffs, sie lässt Darius' Annäherungsversuch zu.
- Darius lenkt sie ab, indem er das Gespräch auf Sven lenkt.

### ➲ Aufgabe 3

Darius fühlt sich mies, weil er seine Freundin wissentlich belügt und ihr etwas vorspielt, was ihm schwerfällt, wo er doch der Schuldige ist.

### ➲ Aufgabe 4

Darius hat seine eigene Freundin angegriffen, die ohnehin schon eine negative Meinung zu diesem Berufsbild hat.

### ➲ Aufgabe 5

a) *Hinweis für die Lehrkraft:* Der Schüler kann sich eine Textstelle seiner Wahl aussuchen, um die Aufgabe zu beantworten.

*Lösungsmöglichkeiten:*

**Gestaltungsmittel:** Vergleich
**Bedeutung und Funktion:** Bildliche Veranschaulichung der Tatsache, dass Darius' Vater irritiert davon ist, dass dieser so früh von seiner Verabredung mit Evelyn zurück ist und offensichtlich in keiner guten Stimmung ist.

**Gestaltungsmittel:** Rhetorische Frage
**Bedeutung und Funktion:** Die Frage ist so gestellt, dass Zustimmung erwartet wird. Schon in der Frage steckt die Behauptung, dass die Arbeit Darius ein neues (positives) Gefühl vermittelt.

b) Darius ist gereizt, da seine Verabredung mit Evelyn nicht so verlief, wie er es sich erhofft hatte, eigentlich wollte er in dieser Situation seine Ruhe haben, stattdessen möchte sein Vater mit ihm sprechen.

c) Er hat kein inniges Verhältnis mit seinem Vater, die beiden verhalten sich eher distanziert und sie sprechen kaum miteinander.

**➲ Aufgabe 6**

*Hinweis für die Lehrkraft:* Wichtig ist, dass Darius' Entwicklung beschrieben, mit Beispielen untermauert und mit geeigneten Textstellen belegt wird.

*individuelle Schülerlösung, in der folgende Aspekte enthalten sein können:*

**Darius' Charaktereigenschaften:**

Darius entwickelt sich vom bequemen Grundi-Empfänger, der die meiste Zeit mit Zocken verbringt, zum stolzen Drohnenpiloten, der die Aufträge von D-Air ohne großes Hinterfragen ausführt. Am Ende legt er diese Rolle allerdings ab, um zu seinen Ansichten zu stehen, indem er diese Arbeit kündigt. Er ist insgesamt ein eher zurückhaltender junger Mann, der im Umgang mit Frauen unsicher ist und auch in der Arbeitswelt eine Weile braucht, um sicher zu agieren. Seine Gefühle hält er oft zurück – so spricht er nicht über seine Mutter und auch seinem Vater vertraut er sich nicht an.

**Darius' Verhältnis zu seinem Vater:**

- zunächst: distanziert; haben sich nicht viel zu sagen; Unausgesprochenes (Alkoholproblem des Vaters, Verlust der Mutter)
- zum Ende hin: keine große Veränderung bis auf die Tatsache, dass Darius in einem Streitgespräch seinen Emotionen freien Lauf lässt und auch der Vater in dieser Situation emotionaler als üblich reagiert; Darius plant, seinen Vater nach ihrer Auseinandersetzung wieder zu besuchen, was grundsätzlich positiv zu deuten ist (aufeinander zugehen)

**Darius' Einstellung zu D-Air:**

- zunächst: Begeisterung und Freude (Hobby zum Beruf machen), Herr Spiess hat hohe Erwartungen an ihn, die er erfüllen möchte, anfängliche Zweifel schiebt Darius zunächst beiseite, viele Möglichkeiten (Wohnung, Geld, ...)
- zum Ende hin: große Zweifel an Tätigkeit (Moral), Herr Spiess ist unehrlich (Erasonal) – zusehends negatives Bild von ihm je weiter Darius die Machenschaften durchschaut

**Evelyns Rolle für Darius' Entwicklung:**

- motiviert ihn zu Handlungsbeginn dazu, arbeiten zu gehen, statt weiter vom Grundeinkommen zu leben (gemeinsame Ziele als Paar)
- zeigt ihm die moralische Verwerflichkeit seiner Arbeit auf, indem sie ihn mit ihrer energischen und vehementen Argumentation innerhalb ihrer zahlreichen Streitgespräche zum Nach- und Umdenken anregt
- macht ihm klar, dass die Liebe und Erinnerung an seine Mutter nicht an einem Gegenstand festzumachen sind